Das Auer

Sprachbuch

Schulbuch für das 1./2. Schuljahr

Erarbeitet von
Ruth Dolenc-Petz, Christel Fisgus, Gertrud Kraft, Edeltraud Röbe,
Heinrich Röbe

Illustriert von Martina Gollnick

Sprachwissenschaftliche Beratung: Prof. Dr. Rolf Bergmann

Unter die Lupe genommen von

ipp und

o

Auer Verlag GmbH

Inhalt

Augenreise – Ohrenreise

Richtig schreiben – S. 100, 101

① Auf dem Bild siehst du viele Zeichen, die etwas bedeuten. Verstehst du sie?

② Gibt es auch in deiner Schule wichtige Zeichen?

③ Auf dem Bild gibt es Menschen, Tiere und Dinge, die Geräusche von sich geben. Was bedeuten die Buchstaben und Wörter in den Sprechblasen?

④ Welche Verkehrszeichen musst du auf deinem Schulweg beachten?

Schreiben mit Bildern

Flipp schreibt:

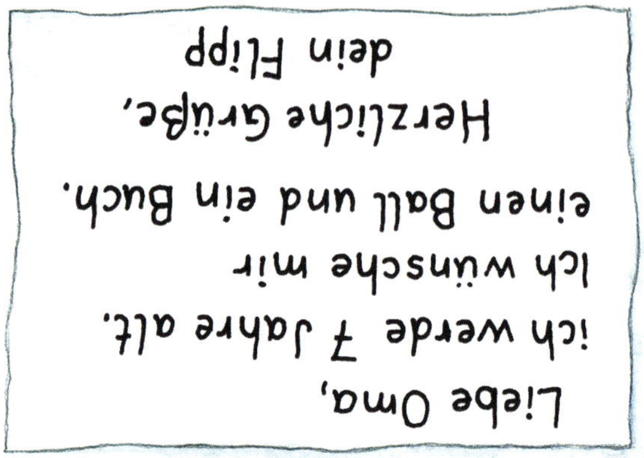

Flipp malt für jedes wichtige Wort ein Bild.
Er schreibt in einer Bilderschrift.

① Schreibe einen Brief oder eine Geschichte in Bilderschrift.

② Wie schreibst du deinen Namen in Bilderschrift?

Eine Bilderschrift braucht für jedes wichtige Wort ein Bild.

Flo sucht eine andere Schrift:

 und  haben vorne den gleichen Laut.

Flo sammelt:

③ Sammle selbst Bilder, die mit dem gleichen Laut beginnen oder mit dem gleichen Laut aufhören.

In Wörtern kann man Laute hören.

Schreiben mit Buchstaben

Oma

↕ ↕

Opa

Zeichen für Laute heißen Buchstaben.

Ein Laut – ein Buchstabe

_u_ _mpe_ _el_ _elefo_ _s_ _as_

① Was hörst du am Anfang und am Ende des Worts?
Schreibe jedes Wort auf.

Schwierige Laute genau sprechen und hören

Dach Tasse

Baum Pilz

Käfer Geist

② Die Laute am Wortanfang klingen ähnlich.
Sprich deutlich und schreibe die Wörter auf.

Ein Laut – mehrere Buchstaben

  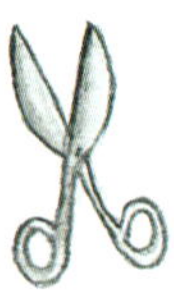  

_af _i _ere _wan _al

③ Schreibe die Wörter auf.
Wie viele Buchstaben brauchst du für den Laut am Wortanfang?

Namen gesucht

① Spielt, ohne eure Namen zu nennen.
Was fällt euch auf?

② Spielt, ohne Namen zu nennen.
Wer kann den Namen erraten?

Namen

Alle haben einen Namen:
Tiere, Kinder, Herren, Damen,
Blumen, Autos, Städte, Fische,
ja sogar im Haus die Tische,
jeder Stern am Himmelszelt,
alle Dinge auf der Welt.

Kurt Meiers

① Schreibe deinen Namen und das, was du über dich erzählen möchtest, auf ein Blatt. Male dazu.

Alle Lebewesen und Dinge haben Namen.

Bildwörter – Namenwörter

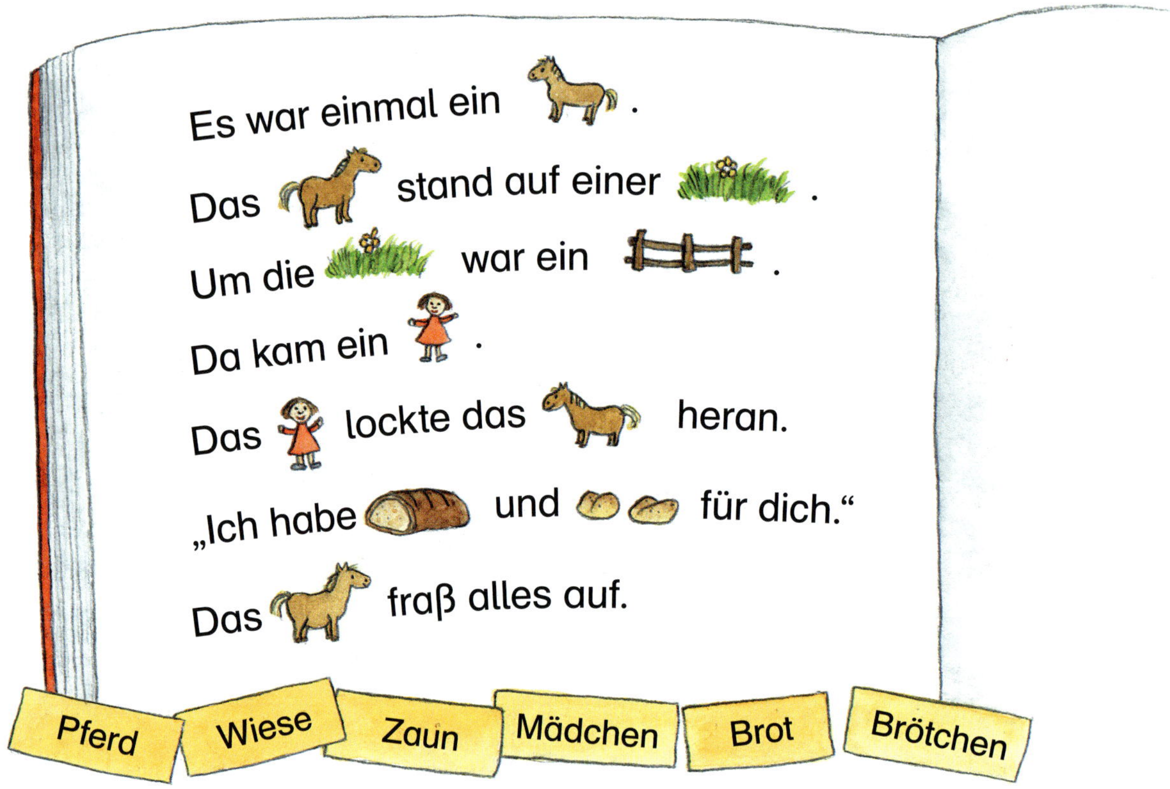

In dieser Geschichte sind für Lebewesen und Dinge Bilder gezeichnet.

① Lies die Geschichte.

② Schreibe die Wörter für die gezeichneten Bilder auf.
Ordne so: *Namen für Lebewesen: Pferd, ...*
Namen für Dinge: ...

③ Schreibe die ganze Geschichte ohne Bilder auf.

Namenwörter sagen, wie Lebewesen
und Dinge heißen.
Namenwörter schreibt man groß.

④ Suche in der Wörterliste Namen für Lebewesen und Dinge. Male dazu.

Namenwörter haben Begleiter

In der Wundertüte sind viele Dinge.

① Schreibe so auf: *der Ball, die Blume, ...*

② Schreibe auch so:
ein Ball, eine Blume, ...

> Namenwörter haben Begleiter:
> der, die, das, ein, eine.

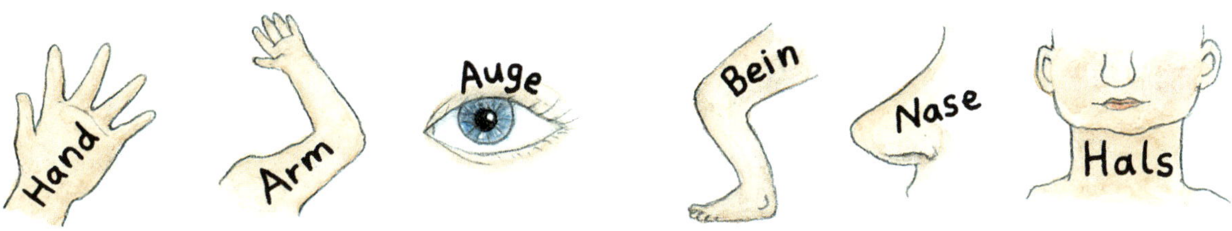

③ Schreibe die Namenwörter mit ihren Begleitern auf.
Schreibe so: *die Hand, eine Hand, ...*
Du findest noch andere Namenwörter für Körperteile in der Wörterliste (Seite 147–149). Schreibe sie auf.

Jeder tut etwas

malen turnen warten singen lesen

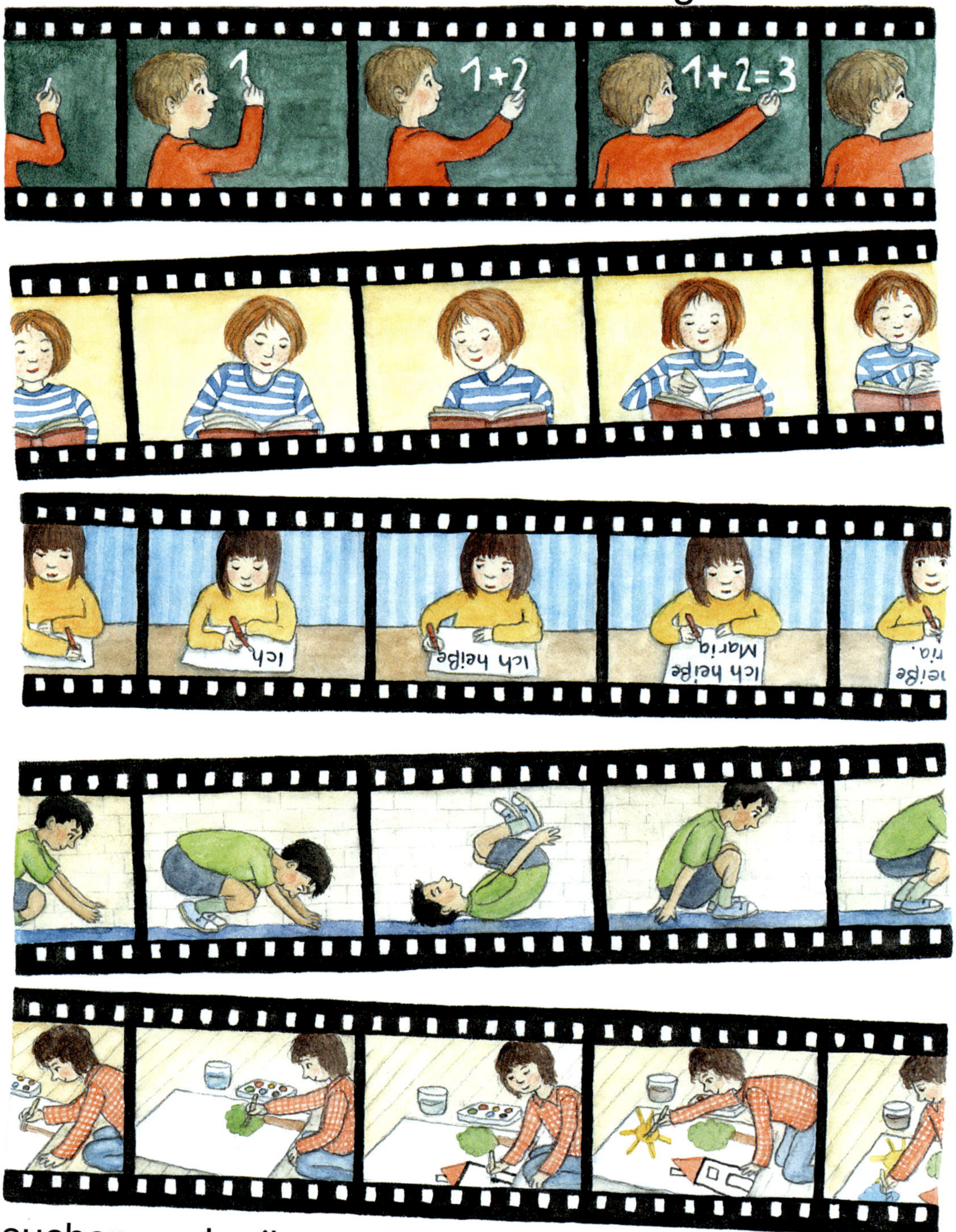

suchen schreiben rechnen bauen helfen reden

① Was tun die Kinder? Spielt vor und ordnet die Tunwörter zu.

② Spielt auch die übrigen Tunwörter vor.

Tunwörter

liegen, lernen, fangen, schreiben, hören, lachen, bauen, laufen, trinken

① Was kann ein Baby alles tun?
Schreibe so: *Ein Baby kann lachen.* *Ein Baby kann nicht schreiben.*
Ein Baby kann ... *Ein Baby kann nicht ...*

bitten, denken, spielen, sitzen, quaken, bellen, schlafen, fliegen, malen, rechnen

② Was kann ein Hund alles tun? Schreibe auf.

hüpfen, springen, liegen, singen, fliegen, rollen, baden, denken

③ Was kann ein Ball alles tun? Schreibe auf.

Tunwörter sagen, was Lebewesen und Dinge tun.

Wiewörter

Leo braucht ein Wort, das sagt, **wie** sein Schirm ist.
Er braucht ein **Wiewort**.

Mein Schirm ist ___.
Der ___ Schirm gehört mir.

Mein Schirm ist ___.
Der ___ Schirm gehört mir.

rot grün blau klein groß gelb bunt braun

① Lea und Leo beschreiben ihre Schirme. Schreibe auf, was sie sagen.

② Welche Wiewörter passen zu den anderen Schirmen?
Schreibe weiter: *Mein Schirm ist ___.*
Der ___ Schirm gehört mir.

Wörter, die sagen, wie etwas ist, heißen Wiewörter.

Wiewörter sagen, wie Menschen sind.

Tim Rosi Hans Sven Julia Tina

fleißig
müde
brav
frech
groß
klein

① Schreibe so:

Tim ist groß. Hier ist der große Tim.
Rosi ...

Wiewörter sagen auch, wie Tiere sind.

Maus Löwe Hase Schaf Elefant Schnecke

schnell
langsam
klein
stark
wild
weich

② Schreibe so:

Die Maus ist klein. Da kommt die kleine Maus.
Der Löwe ...

Wiewörter sagen, wie Dinge sind.

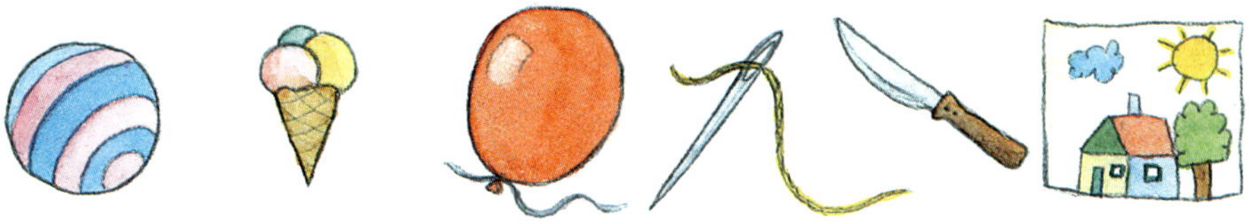

Ball Eis Ballon Nadel Messer Bild

bunt
scharf
leicht
spitz
kalt
rund

③ Schreibe so:

Der Ball ist rund. Hier ist der runde Ball.
Das Eis ...

Zusammengesetzte Namenwörter

① Auf diesem Bild gibt es viel zu entdecken. Erzähle.

Was man im Garten alles braucht:

② Setze die Namenwörter zusammen. Schreibe so: *die Gartenschere, ...*

> Namenwörter lassen sich zusammensetzen.
> Sie heißen dann zusammengesetzte Namenwörter.

der Regenwurm

das Gänseblümchen

der Salatkopf

die Blumenwiese

das Vogelnest

der Apfelbaum

① Zerlege die zusammengesetzten Namenwörter.
Schreibe so: *der Regenwurm: der Regen – der Wurm, ...*

Was ist das?

Ein **Schirm**, der vor **Regen** schützt, ist ein ___.
Ein **Strauch**, an dem **Tomaten** wachsen, ist ein ___.
Ein **Stiefel**, der aus **Gummi** ist, ist ein ___.
Eine **Hecke** mit vielen **Rosen** ist eine ___.

② Schreibe auf, wie die Dinge heißen.
Schreibe so: *der Regenschirm, ...*

Zusammengesetzte Namenwörter
beschreiben Lebewesen und Dinge genauer.

Für Wortforscher:

Blumenrätsel

Löwe Zahn

Finger Hut

Hahn Fuß

König Kerze

③ Wie heißen diese Pflanzen?

Sätze

Rotkäppchen

Es war einmal ein
kleines Mädchen
Es trug immer ein
rotes Käppchen
Deswegen wurde es
Rotkäppchen genannt
Eines Tages sollte es
seiner Oma Wein und
Kuchen bringen Die
Oma wohnte in einem
Haus im Wald
Unterwegs traf
Rotkäppchen den Wolf

① Lies die Seite aus diesem Märchenbuch. Was fällt dir auf?

② Schreibe drei Sätze aus dem Märchenbuch ab. Setze die Punkte.

Geschichten bestehen aus Sätzen.
Am Ende eines Satzes steht ein Punkt oder ein anderes Satzzeichen.

① Schreibe zu jedem Bild einen Satz.

> Sätze bestehen aus Wörtern.
> Das erste Wort im Satz schreibt man groß.

Es war einmal …

Der gestiefelte Kater	schüttelte die Betten.
Die sieben Geißlein	verliefen sich im Wald.
Schneewittchen	verwandelte den Zauberer in eine Maus.
Hänsel und Gretel	versteckten sich vor dem Wolf.
Frau Holle	lebte bei den sieben Zwergen.

② Bilde sinnvolle Sätze. Schreibe sie in dein Heft.

③ Erfinde lustige Märchensätze.

Der gestiefelte Kater schüttelte die Betten

Treffpunkt Schule

Nach den Ferien treffen Lena und Julian in ihrer Schule viele Kinder und Erwachsene.

① Wen triffst du? Wessen Namen kennst du?

② Schreibe einige Namen von Kindern und Erwachsenen auf, die an deiner Schule lernen und arbeiten.

③ Es gibt auch Kinder und Erwachsene, die neu in der Schule sind. Was kannst du tun, damit sie sich wohl fühlen?

Wer sich trifft, begrüßt sich. Jeder grüßt anders.

① Wie begrüßen sich die Kinder auf dem Bild? Lest und spielt es nach.

② Auf wen hast du dich besonders gefreut? Wie kannst du ihr oder ihm das zeigen?

③ Welche Grüße gefallen dir? Schreibe mindestens drei auf.

Wir erinnern uns an die Ferien

Hier gestalten Kinder eine Ferientafel.
Bilder, Fotos und Andenken erinnern an die Ferien.
Jedes Kind hat Wörter, einen Satz oder eine Geschichte dazu geschrieben.

① Finde heraus, welcher Text zu welchem Bild gehört.
Schreibe so: *1 – A, ...*

② Ein Bild hat noch keinen Text. Schreibe selbst dazu.

Bilder, Wörter und Sätze erzählen

Mario und Lisa.

Mein Onkel hat einen neuen Traktor mit 50 PS. Jeden Tag durfte ich mit aufs Feld fahren.

Ich habe viele Muscheln gefunden.

① Jedes Kind hat anders zu seinem Bild erzählt. Entdeckst du die Unterschiede?

② Was fällt dir zu diesem Bild ein? Schreibe einen Satz dazu.

③ Male ein Ferienbild. Erzähle und schreibe dazu.

④ Gestaltet eine Ferienwand.

Ich freue mich auf die Schule

① Lies die Sätze der Kinder.

② Warum freust du dich auf das neue Schuljahr?
Erzähle.

Darauf freuen sich die Kinder:

Wir	spielen	ins Schullandheim
Wir	schreiben	eine Gemüsesuppe
Wir	lesen	bis hundert
Wir	rechnen	ein ganzes Buch
Wir	kochen	mit dem Füller
Wir	fahren	ein Märchen

③ Schreibe die Sätze richtig in dein Heft.

Miteinander sprechen

Wenn alle zur gleichen Zeit sprechen, kann keiner etwas verstehen.
Erinnerst du dich noch an wichtige Regeln?

① Erkennst du die Regeln, die zu den Bildern gehören?

② Welche Regeln gibt es in deiner Klasse?
Schreibe sie auf und male dazu.

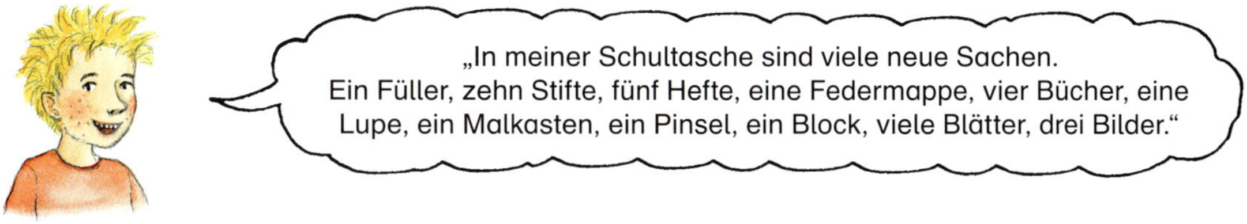

③ Manche Dinge hat Tim nur einmal. Sie stehen in der Einzahl.
Von anderen Dingen hat Tim mehrere. Sie stehen in der Mehrzahl.
Ordne so: Einzahl: *ein Füller, ...*
Mehrzahl: *zehn Stifte, ...*

Einzahl/Mehrzahl – Sprachstudio S. 27

Namenwörter

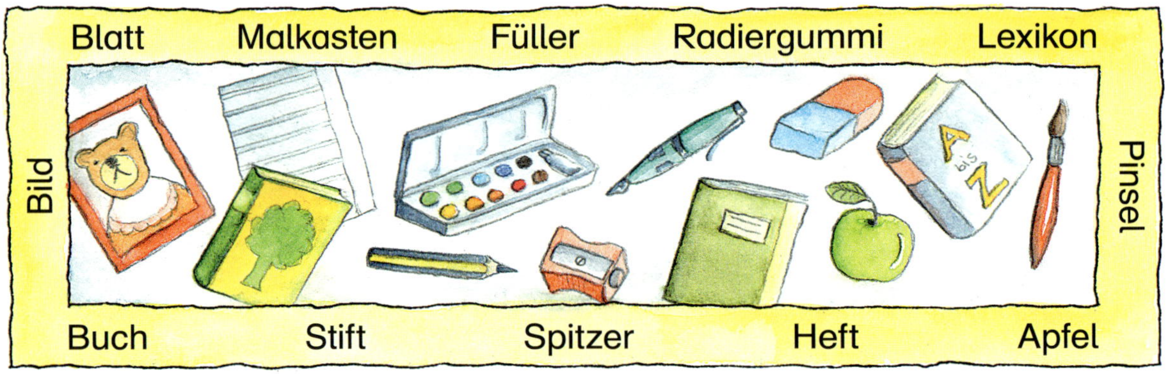

Namenwörter sagen, wie Lebewesen und Dinge heißen.
Namenwörter schreibt man groß.

1. Beweis: Ein Namenwort ist ein Name für etwas.

① Suche den 1. Beweis für die Dinge aus dem Kasten.
Sprich so: *Buch ist ein Name für ein Ding aus dem Schulranzen, ...*

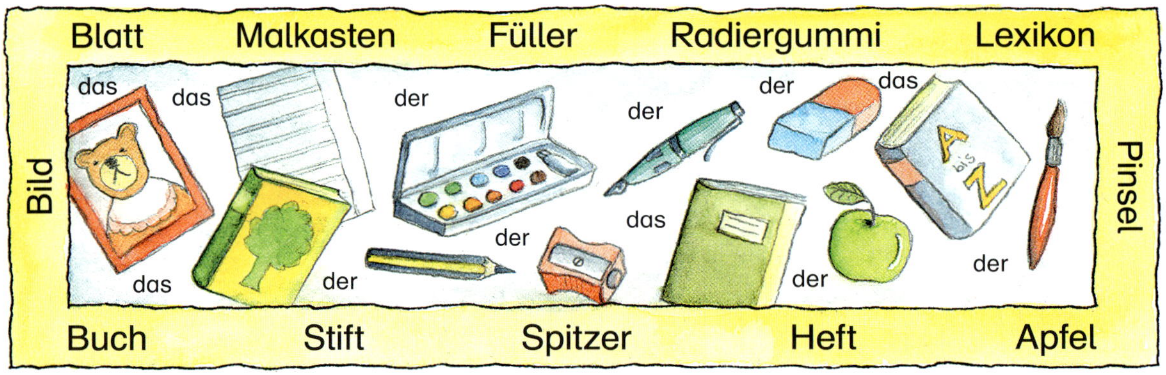

2. Beweis: Zu jedem Namenwort passt ein Begleiter:
der, die oder das; ein oder eine.

② Schreibe jedes Namenwort aus dem Kasten mit seinem Begleiter auf.
Schreibe so: *der Bleistift, ein Bleistift, ...*

Namenwörter/Sätze

die Blätter die Malkästen die Füller die Radiergummis die Lexika

die Bilder

die Pinsel

die Bücher die Stifte die Spitzer die Hefte die Äpfel

3. Beweis: Namenwörter können in der Einzahl und/oder in der Mehrzahl stehen.

① Schreibe alle Dinge aus dem Kasten in Einzahl und Mehrzahl auf.
Schreibe so:

Einzahl	*Mehrzahl*
das Bild	*die Bilder*
...	...

② Welche Namenwörter können nur in der Einzahl oder in der Mehrzahl stehen?

Sätze bilden

Mit dem Pinsel	lese ich	schöne Bilder	•
Der Spitzer	male ich	die Stifte	•
Im Buch	spitzt	lustige Sätze	•

Sätze sagen aus, was Menschen und Dinge machen, erleben …
Man nennt sie Aussagesätze.

③ Schreibe die Sätze richtig in dein Heft. Schreibe drei eigene Sätze dazu.
Schreibe so: *Mit dem Pinsel male ich ...*

Am Ende eines Aussagesatzes steht ein Punkt.
Das erste Wort im Satz schreibe ich groß.

Bilder wachsen – Sätze wachsen

Eine Muschel ist im Sand.

Maria hat eine Muschel im Sand gefunden.

Maria hat eine Muschel im Sand am Meer gefunden.

Das sind Opa und Paul.

Das ist ein Ball.

① Lass die Aussagesätze wachsen. Die Bilder helfen dir dabei.
Was verändert sich, wenn der Satz wächst?

② Schreibe die Geschichte von Matti auf.
Lies sie einem Partner vor.
Weiß er, wie dein letztes Bild aussehen müsste?

③ Lass selbst einen Satz wachsen. Male und schreibe dazu.

KALEIDOSKOP

Pausen-Abc

- A Angel-Spiel
- B Brot
- C Clown
- D Dosen
- E Essen
- F Fußball
- G
- H Himmel und Hölle
- I
- J Jo-Jo
- K
- L Lehrer
- M Mandarine
- N
- O
- P Pausenhof
- Qu Quatsch
- R Ruhe
- S
- T
- U
- V
- W
- X
- Y
- Z

Schulranzen-Abc

- A Apfel
- B Buntstifte
- C Cowboy-Bilder
- D Dosendiktat
- E Einband

Grusel-Abc

- A Außerirdischer
- B
- C
- D Dracula
- E
- F Fliegendreck

Geschenk-Blumen

Unsere Klassen-Vogelhochzeit

Geburtstagspost für Tina

Kennst du das Gemüse?

der Salat der Weißkohl die Gurke die Zwiebel die Kartoffel

die Karotte

die Tomate

der Sellerie der Rettich das Radieschen die Erbse die Bohne

① Schreibe die Nummer und das passende Namenwort auf.
Schreibe so: *1. der Rettich, 2. die Kartoffel, ...*

② Setze die Namenwörter in die Mehrzahl.
Schreibe so: *ein Rettich – viele Rettiche, ...*

③ Schreibe selbst Gemüserätsel auf.
Verwende auch Wörter aus der Wörterkiste.

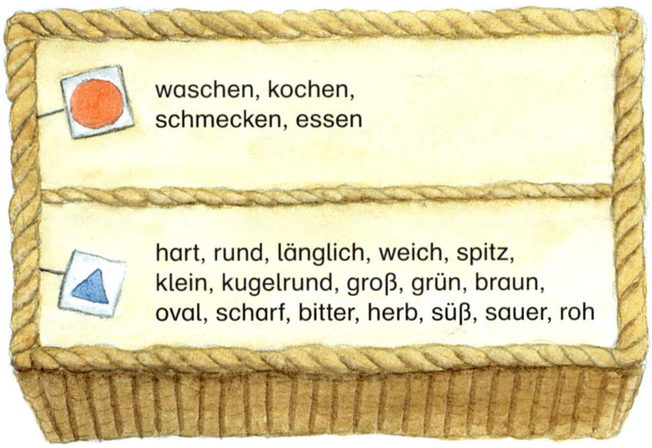

Rezept für eine Gemüsesuppe

Das bringen die Kinder mit:

Nun gibt es viel zu tun:

Gemüse
waschen
sorgfältig

Messer
schneiden
vorsichtig
Brett

Topf
Wasser
füllen
Gemüse
hineingeben

würzen
Kräuter
Pfeffer
Paprika
Salz

kochen
Gemüse
Kochlöffel
umrühren

wünschen
guten Appetit
Suppe
essen

① Schreibe auf, wie du eine Gemüsesuppe zubereitest.
Die Bilder und Wörter helfen dir dabei.

② Neben jedem Bild findest du auch Wörter, die dir sagen, was du tun musst.

Schreibe diese Tunwörter auf.
Schreibe so: *waschen, ...*

Tiere in der Hecke

① Schau genau und erzähle, was du in dieser Hecke alles entdecken kannst.

② Stellt euch Rätsel zum Heckenbild.
Verwendet dazu diese Wörter:

Passende Ausdrücke sammeln – Sprachstudio S. 34

Heckengeschichten

① Du bist jetzt ein Heckengeist. Du siehst genau, was vor der Hecke passiert.

Wie könnte es weitergehen? Schreibe die Geschichte mit deinem Schluss.

② Vor der Hecke:

Wähle ein Bild aus und schreibe eine Geschichte dazu.

Tunwörter

Tunwörter sagen, was Lebewesen und Dinge tun.

1. Beweis: Tunwörter antworten auf die Frage:
Was tut jemand?

① Was die Blätter tun, könnt ihr spielen.

② Schreibe die Tunwörter in der Grundform auf.
Sie sagen, was die Blätter tun.
Schreibe so: *fallen, …*

2. Beweis: Tunwörter passen hinter **ich** und **wir**:
ich tanze, wir tanzen.

③ Schreibe die Tunwörter in der ich-Form und in der wir-Form auf.
Schreibe so: *ich tanze, wir tanzen, …*
Umrahme die Wortbausteine **e** und **en**.

SPRACHSTUDIO

Tunwörter

APFEL BAUEN KÄFER PFLEGEN ARBEITEN
SCHÖN VOR SUCHEN FRUCHT SCHWARZ
MALEN DENN BRINGEN ZWÖLF FINDEN HELFEN
BAUM PFLANZEN DORT SO LERNEN

① Finde die Tunwörter im Kasten anhand der Beweise heraus.

② Schreibe die Tunwörter hinter ich und wir. Markiere die Endbausteine.
Schreibe so: *ich* , *wir* , …

Versteckte Tiere – versteckte Dinge

Tiere:
der Hamster
der Hund
die Katze
die Spinne
die Maus
die Schildkröte

Dinge:
das Auto
der Ball
das Buch
der Computer
das Lineal
die Puppe

③ Schreibe von mindestens sechs Dingen oder Tieren auf, wo genau sie im Bild zu finden sind.

Verwende diese Wörter:

liegen, hängen, stehen, sitzen, stecken, hocken, …
vor, hinter, über, unter, neben, zwischen, auf, in, …

Schreibe so: *Der Hamster sitzt neben dem Käfig.*

SCHREIBSTUDIO

Heckenrätsel

Mein Tier kann man nicht streicheln. Es geht den Menschen aus dem Weg. Gerne mag es Würmer und Insekten. Wenn es in Gefahr gerät, rollt es sich zu einer Kugel zusammen.

Meine Pflanze wächst in der Hecke. Sie heißt Holunder.

Mein Tier krabbelt in der Hecke. Es hat Beine und Flügel. Es ist grau.

① Welches Rätsel beschreibt genau, verrät aber auch nicht zu viel?

② Schreibe selber ein Rätsel zu einem Tier oder einer Pflanze in der Hecke. Diese Fragen können dir dabei helfen:

③ Lies dein Rätsel vor.
Die anderen Kinder überprüfen, ob du genau beschrieben hast.

Haselnuss, Blaumeise, Himbeere, Biene, Hagebutte, Dompfaff, Liguster, Kreuzschnabel, Fuchs, Wespe, Pfaffenhütchen, Feldhase, Tausendfüßler, Schmetterling, Igel, ?, Kreuzspinne, Brombeere, Amsel, Spitzmaus, Assel, Motte

Herbstwörter malen und spielen

Ihr könnt mit euren gemalten Herbstwörtern ein Plakat gestalten.

Herbst-Buch

Herbstbilder,
Herbstgedichte,
Blätterbilder,
Herbstgeschichten, …
… sammelt ihr im Herbst-Buch.

Lesezeichen selbst gebastelt

Anleitung:

- Klebe eine gepresste Blume auf einen Kartonstreifen.
- Überziehe den Streifen mit Folie.
- Loche den Streifen und ziehe Fäden oder ein Band durch.

Das bin ich

Du bist du und ich bin ich.
Pass auf, daran erkennst du mich.

① Schreibe deinen Ich-bin-ich-Brief.
Was ist dir wichtig? Denke auch an Straße, Wohnort, Telefonnummer, Geschwister, Großeltern, Lieblingsspeisen, Hobbys, …

Oft bin ich froh. Manchmal bin ich traurig.

② Das hat Petra geschrieben und gezeichnet.
Gestalte eine frohe und eine traurige Seite über dich.

Richtig schreiben – S. 110–113

Als ich noch klein war …

Nikola bringt Fotos mit.

Sie hat sogar einen 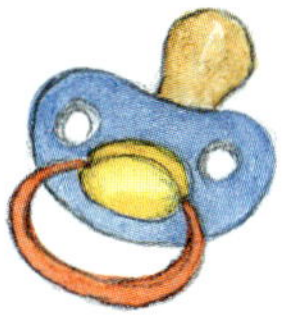 dabei.

Peter hat ganz kleine Babyschuhe dabei.

Salık erzählt:
„Das ist eine Moschee in Istanbul.
Ich bin in Istanbul geboren.“

Christian hat einen Zettel dabei.

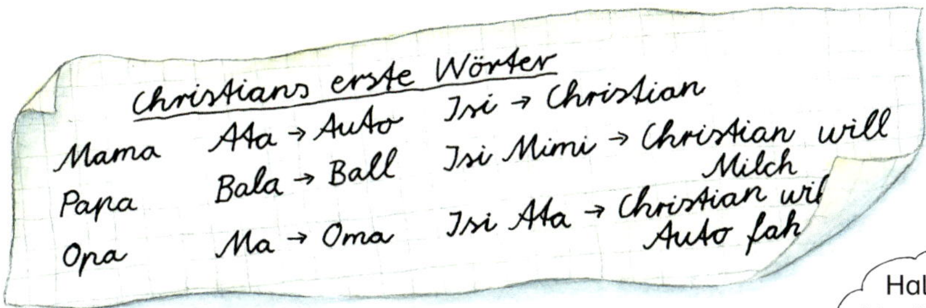

Seine Eltern haben das aufgeschrieben.

① Wie war es, als du klein warst? Wen kannst du fragen?
Gestalte ein Ich-Blatt.
Denke auch an Fotos und Zeichnungen.

Ich bin ich – du bist du – zusammen sind wir wir

Meine Eltern, meine Schwester,
auch mein Bruderherz Sylvester,
meine beste Freundin Sarah,
sowie Ali und die Klara,
Mümmel (das ist mein Kaninchen)
und den Hamster namens Bienchen,
nachts am Himmel jeden Stern –
all das hab ich furchtbar gern.

① Wen hast du furchtbar gern?
Schreibe und male zu Menschen und Tieren, die du sehr magst.

Allein zu Hause

Tim liegt auf dem Sofa. Er ist allein.
Da klingelt es an der Tür.

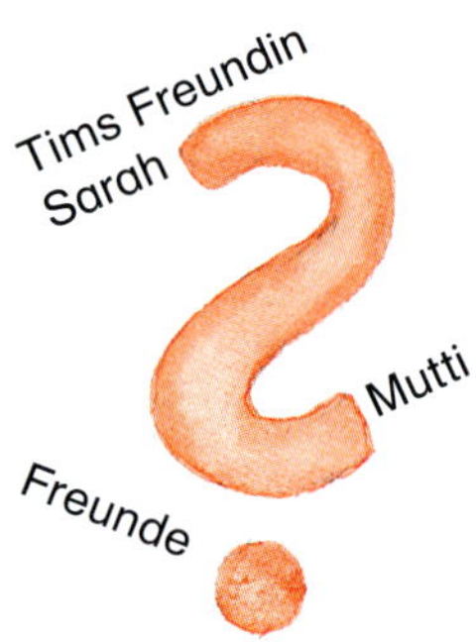

② Erzähle und schreibe die Geschichte weiter.
Wer kommt zu Tim? Was tun sie dann?

③ Spielt die Geschichte.

Gefühle zeigen

1. Wenn ich wütend bin, sag ich dir, ja, dann stampf und brüll ich wie ein wilder Stier.
2. Wen ich albern bin, fällt mir ein, ja, dann quiek ich manchmal wie ein kleines Schwein.
3. Wenn ich traurig bin, stell dir vor, ja, dann heul ich wie ein Hofhund vor dem Tor.
4. Wenn ich fröhlich bin, hör mal zu, ja, dann pfeif ich wie ein bunter Kakadu.

Text und Melodie: Klaus W. Hoffmann

fröhlich
lustig
frech
müde
bedrückt
gut aufgelegt
verärgert
böse

tanzen
schimpfen
schluchzen
pfeifen
stöhnen
schleichen
toben
schreien
heulen
brüllen
hüpfen
singen
rennen
schweigen
toben
boxen
jammern
stampfen
jubeln
quieken
lachen

traurig
wütend
froh
glücklich
zornig
enttäuscht
betrübt
mutig

① Was tust du, wenn du traurig, müde, frech, wütend, froh, glücklich, … bist? Erzähle.

② Schreibe mindestens fünf Sätze auf.
Schreibe so: *Wenn ich fröhlich bin, dann …*

③ Spiel den anderen Kindern ein Gefühl vor. Erkennen sie es?

Tunwörter in verschiedenen Formen

Die Grundform

rufen malen suchen singen spielen baden quaken fliegen turnen schneiden lernen bauen kaufen arbeiten turnen sagen lachen

① Schreibe die Tunwörter in der Grundform auf.
Kennzeichne den Endbaustein.

Einer tut etwas

Die ich-Form:

ich turn|e

Die du-Form:

du turn|st

Die er-Form,
die sie-Form,
die es-Form:

er turn|t
sie turn|t
es turn|t

② Schreibe mindestens fünf Tunwörter in der Grundform und in der ich-/du-/er-/sie-/es-Form auf. Markiere die Endbausteine.
Schreibe so: *rufen: ich rufe, du rufst, er ruft, sie ruft, es ruft, …*

Tunwörter in verschiedenen Formen

Viele tun etwas

Die wir-Form: **wir turn en**

Die ihr-Form: **ihr turn t**

Die sie-Form: **sie turn en**

① Schreibe mindestens fünf Tunwörter in der wir-, ihr- und sie-Form.
Kennzeichne die Endbausteine.

Grundform		turn	en
ich-Form	ich	turn	e
du-Form	du	turn	
er-/sie-/es-Form	er, sie, es	turn	
wir-Form	wir	turn	
ihr-Form	ihr	turn	
sie-Form	sie	turn	

② Suche dir im Kasten auf Seite 42 fünf Tunwörter aus
und setze sie in alle Formen.
Markiere den Endbaustein farbig.

Geschichten erfinden und schreiben

Ich liege auf dem Sofa
und langweile mich.
Da klingelt es an der Tür.

Ich öffne.
Wer steht vor der Tür?

① Schreibe deine Geschichte.
Schreibe so: ___ *steht vor der Tür.* ___ *sagt:* ___ . ...

Das-bin-ich-Bild

Lege dich auf ein großes Blatt Papier.
Jemand zeichnet mit dem Stift um dich herum.
Schneide diese Figur aus.

Jeder darf nun hineinschreiben,
was er Gutes über dich weiß.
Auch du schreibst alles Wichtige
in die Figur.
Du kannst sie dann anmalen
und bunt gestalten.

Manchmal-wär-ich-gern-Geschichten

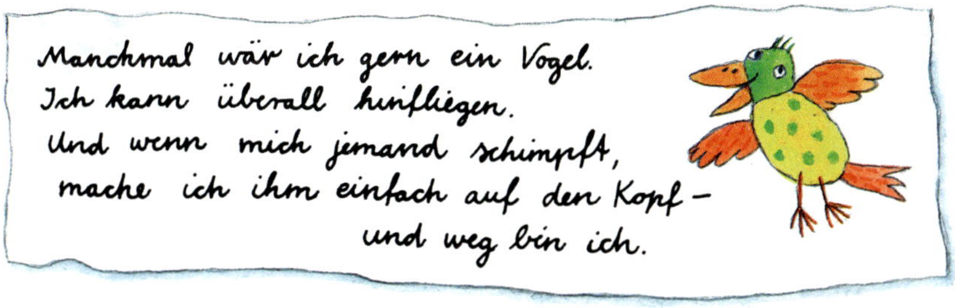

Meine Freunde

In einem Faltbuch können sich alle eintragen, die du gern hast.
Sicher malen sie ein kleines Bild für dich oder schreiben dazu.

Was ein Tag alles bringt

Thomas geht in die zweite Klasse.
So sieht sein Tagesablauf aus.

① Erzähle zu den Bildern.
Ist dein Tagesablauf genauso?

② Schreibe deinen Tagesablauf. Diese Wörter helfen dir.

aufwachen	malen	zu Mittag essen	zu Abend essen
aufstehen	rechnen	Hausaufgaben machen	spielen
fernsehen	schreiben	Fußball spielen	Zähne putzen
waschen	lesen	Fahrrad fahren	waschen
anziehen	turnen	zur Schule gehen	zu Bett gehen
frühstücken	heimgehen	Zähne putzen	einschlafen

③ Es gibt auch Samstage, Sonntage und Feiertage.
Da ist dein Tagesablauf anders. Erzähle.

Richtig schreiben – S. 114–117

Um 15 Uhr ist Freizeit! Oder?

Lukas, 7 Jahre | Özlem, 7 Jahre | Petra, 8 Jahre | Michael, 8 Jahre

Lukas

Nach dem Essen mache ich meine Hausaufgaben. Danach habe ich freie Zeit zum Spielen.

Petra

Der Bus bringt mich von der Schule nach Hause. Um 15 Uhr muss ich zur Gymnastik. Danach spiele ich mit Freunden.

Michael

Meine Mutter kommt erst um 14 Uhr von der Arbeit. Bis 15 Uhr helfe ich ihr im Haushalt. Dann gehe ich zum Fußballspielen.

Özlem

Ich habe zwei kleine Geschwister. Auf die passe ich auf, bis meine Eltern nach Hause kommen.

① Berichte über deine Freizeit.

② So haben diese Kinder ihre Freizeit verbracht. Vergleiche.

③ Wie verbringst du deine Freizeit? Stelle einen Tag vor.

Freizeit in der Schule

Eltern, Lehrer und Kinder haben gemeinsam darüber nachgedacht, welche Spiele und Hobbys besonders viel Spaß machen. Dann haben sie ein Freizeitprojekt durchgeführt.

Fußballtraining

Judo

Computerspiele

Trommeln

Zaubern

Kasperltheater

① Bei welcher Gruppe würdest du mitmachen? Warum?

Das macht mir Spaß!

② Was ist dein Hobby? Gestalte deine Hobby-Seite.

Freizeit im Dschungel

In der Turnhalle:
Mateja klettert auf die Leiter.
Dann schwingt sie am Seil.
Nun springt sie auf die Matte.
Sie steigt über den Kasten.
Endlich findet sie den Mattenwagen.
Damit kann sie den Ball holen.

Im Urwald:
Mateja klettert auf einen Baum.
... Liane.
... Fluss.
... Felswand.
... Boot.
... Schatz.

① Verwandle die Turnhallen-Geschichte in ein Urwald-Abenteuer.

② Schreibe die Urwald-Geschichte mit den Wiewörtern.
Schreibe so: *Mateja klettert auf einen hohen Baum. Dann ...*
Wie hört sich die Geschichte nun an?

③ Was rufen die Kinder? Schreibe die Ausrufe auf.

④ Auch hier geht es laut zu: auf dem Fußballplatz, auf dem Spielplatz, im Schwimmbad. Warum?
Male ein Bild. Schreibe passende Ausrufe dazu.

Wiewörter

stark grün giftig groß grau riesig alt dumm klug schwach wild klein

Wiewörter sagen, wie Lebewesen und Dinge sind.

① Schreibe Sätze über den Elefanten mit passenden Wiewörtern auf.
Schreibe so: *Der Elefant ist grau. Der Elefant ist …*

1. Beweis: Wiewörter antworten auf die Frage:
Wie ist etwas?

See Berg Fluss Himmel Wald Felswand Baum Liane Blume Wiese	dicht steil klar blau lang hoch riesig schön tief alt

② Schreibe zu jedem Namenwort das passende Wiewort.
Schreibe so: *Der See ist klar. Der Berg …*

die Bäume die Sträucher die Schlange der Elefant die Tiger der Vogel die Affen

wild alt dicht giftig frech bunt riesig

③ Schreibe mit den passenden Adjektiven.
Schreibe so: *Die alten Bäume. Die …*

2. Beweis: Wiewörter passen zwischen
Begleiter und Namenwort.

Wiewörter/Ausrufe

Dieser Baum ist groß. Dieser Baum ist ____.

Dieser Tiger ist wild. Dieser Tiger ist ____.

Dieser Affe ist alt. Dieser Affe ist ____.

Diese Liane ist kurz. Diese Liane ist ____.

① Schreibe die Sätze mit den passenden Wiewörtern auf.
Verwende: lang/klein/zahm/jung.

3. Beweis: Zu vielen Wiewörtern gibt es Wörter, die das Gegenteil sagen.

alt groß heiß weich

② Suche für diese Wiewörter alle drei Beweise.

Jooooo! Hilfe! Danke! Achtung! Ich komme!
Und los! Hurra! Platz da! Aus dem Weg!

③ Welche Ausrufe passen zu den Urwaldkindern?
Schreibe so: *Tim ruft: (Hilfe!)*

Nach einem Ausruf steht ein Ausrufezeichen.

Eine Drachengeschichte

Vom lieben Drachen

Ein kleiner, lieber Drache lebte vor kurzer Zeit auf einem niedrigen Felsen.
Jedes Jahr raubte das nette Tier die hässliche Prinzessin.
Der junge König und seine böse Frau waren natürlich froh, als der hübsche Drache angeflogen kam.
Aber da meldete sich ein feiger, alter Ritter, der mit dem freundlichen Drachen kämpfen wollte. Es gab einen winzigen Kampf. Schließlich besiegte der furchtsame Ritter das friedliche Tier. Alle Leute waren betrübt über das Ende.

Eine komische Geschichte. Warum?

wütend alt mutig hässlich böse hübsch glücklich
lieb hoch groß furchtbar riesig furchtlos jung tapfer gemein traurig lang

① Schreibe mindestens drei Sätze mit passenden Wiewörtern auf.

Drachenkampf

Kämpfe gegen mich!
Lass die Prinzessin in Ruhe!
Voran! Auf zum Kampf!
Verschwinde!
Sei still, du Zwerg!

Der Ritter schreit: Der Drache brüllt:
Das antwortet der Ritter: Der Drache lacht laut:
Ohne Angst ruft der Ritter:

② Schreibe so: *Der Ritter schreit: „Kämpfe gegen mich!"*
Du brauchst den (:), diese Zeichen („ “) und das (!).

KALEIDOSKOP

Spiele-Kartei für langweilige Nachmittage

Wörter können auch turnen

Zuerst wollen sie auf den Kasten klettern. Dann schwingen sie am Seil. Zum Schluss kommt ein Purzelbaum.

Sie hüpfen wie Frösche. Nun springen sie über den Bock und schlagen ein Rad.

Meine Homepage

Hast du schon deine eigene Homepage?

Entwirf deine Homepage und berichte dort über dein Hobby.

Vier verschiedene Zeiten im Jahr

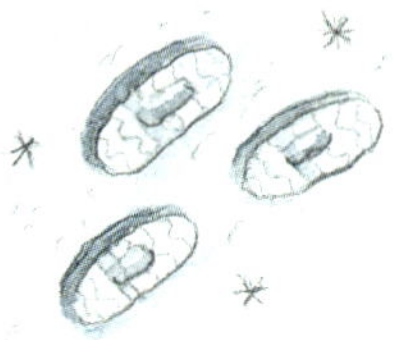

Nun wird es kalt.
Schnee fällt.
Wir ziehen uns warm an.
Aber ein helles Licht
strahlt in der Nacht.

Ein kühler Wind weht.
Die Äpfel sind reif.
Die Vögel fliegen
nach Afrika.

Es wird warm.
Die ersten Blumen
blühen. Die Vögel
kommen aus Afrika
zurück.

Dann wird es heiß.
Die Sonne scheint
den ganzen Tag.
Wir haben lange Ferien
und gehen schwimmen.

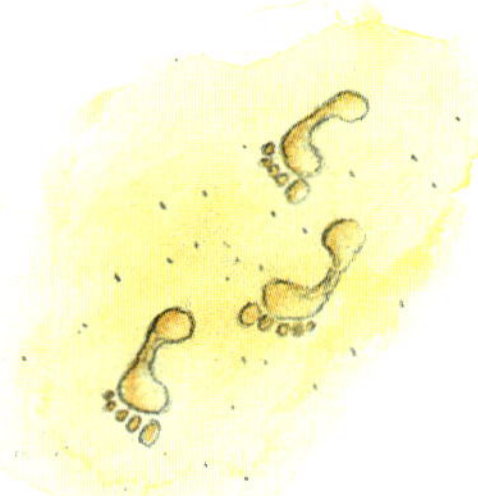

① Welcher Text beschreibt den Frühling, den Sommer, den Herbst oder den Winter? Begründe.

② Schreibe den Text deiner liebsten Jahreszeit ins Heft. Was fällt dir noch dazu ein? Schreibe auf.

③ Schreibt miteinander eine Jahreszeiten-Geschichte.

Ein Kind schreibt einen Satz.	Das Blatt wird weitergegeben.	Jetzt schreibt das nächste Kind einen Satz.	Schreibt so viele Sätze, bis ihr glaubt, dass eure Geschichte fertig ist.

Richtig schreiben – S. 118–121

Winterwörter sammeln und ordnen

① Schreibe so:
Sport und Spiel: *der Schlitten, ...*
Kleidung: *die Mütze, ...*
Wetter: ...
Du kannst noch weitere Winterwörter aufschreiben.

② Gestaltet miteinander Plakate zu Winterwörtern.
So könnten sie aussehen:

Jahreszeitengedichte

Grüne Bäume,
grüne Wiesen,
Vögel zwitschern,
es wird warm.
Weiße Blüten,
erste Blumen,
Ringelreihen
Arm in Arm.

aber

Kaltes Wasser,
noch nicht baden,
Schule sitzen,
oh, herrje!
Aprilwetter,
Sonne, Regen,
Wind und Hagel,
Sturm und Schnee.

Warmes Wasser,
baden, schwimmen,
Speiseeis und
braun gebrannt.
Im Zelt wohnen,
barfuß laufen,
Ferienreise,
heißer Sand.

aber

Schwüle, Schweiß
und schwarze
Wolken, Blitz und
lauter Donnerknall.
Hitze, Durst
und Bienenstiche,
Mückenschwärme
überall.

Bunte Bäume,
blauer Himmel,
rote Äpfel,
Blätterreigen.
Gelbe Birnen,
goldne Sonne,
Lagerfeuer,
Drachensteigen.

aber

Vögel ziehen,
grauer Himmel,
Blätter fallen
und viel Regen.
Tage kürzer,
es wird kälter,
Bodenfrost,
und Stürme fegen.

Alfons Schweiggert

? **aber** ?

① Lies die Texte zum Frühling, Sommer und Herbst.
Was erfährst du über die guten und schlechten Seiten dieser Jahreszeiten?

② Schreibe selbst einen Text zum Winter.

③ Lies deinen Text anderen Kindern vor. Was erfahren sie über die guten und schlechten Seiten des Winters?

Texte überarbeiten – Schreibstudio S. 60

Ein Jahr hat zwölf Monate

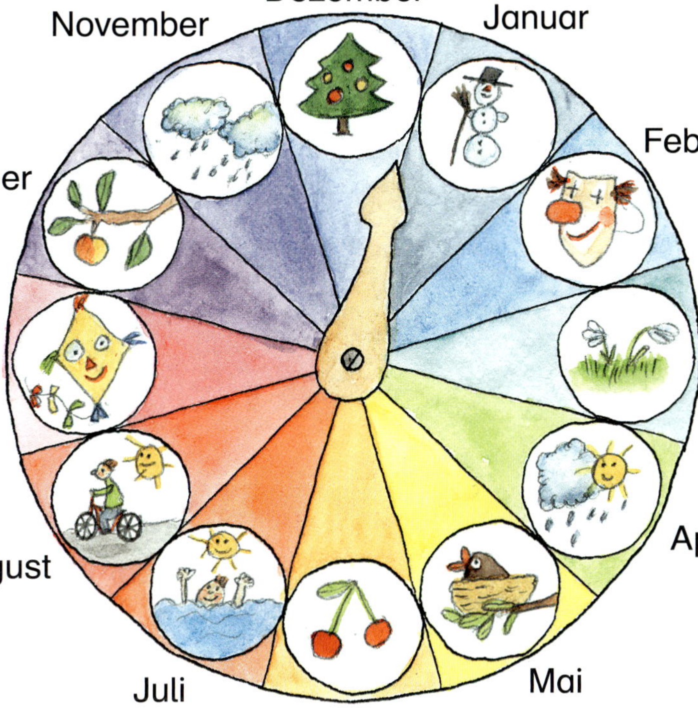

① So eine Monatsuhr könnt ihr in der Klasse basteln.

Rätselfragen

a) Welche Monate haben nur eine Silbe?
b) Wie heißt der achte Monat im Jahr?
c) Welcher Monat kommt vor dem Mai?
d) Welcher Monat kommt nach dem Oktober?
e) Wie heißt der kürzeste Monat im Jahr?
f) In welchem Monat beginnt der Frühling?

② Schreibe die Antworten in dein Heft.
Schreibe so: *a) ...*

③ Bringe einen Kalender mit! Trage die Tage ein, die für dich wichtig sind.

Fragesatz – Sprachstudio S. 58

Fragen

Fragen gesucht!

① Denke dir zu jeder Antwort eine Frage aus. Schreibe mindestens zwei Fragen mit ihren Antworten auf.

② Finde auch Fragen zu anderen Monaten und beantworte sie.

Quiz mit Winterwörtern

Womit werden im Winter die Straßen geräumt?
- mit der Schneekanone
- mit dem Schneepflug
- mit der Pistenraupe

Was ist eine Pudelmütze?
- eine Mütze für einen Pudel
- eine gestrickte Mütze mit einem Bommel
- eine weiche Mütze

Was ist ein Iglu?
- ein Eisberg
- ein Schneehaus
- ein Indianerzelt

Was ist Glatteis?
- gefrorener Regen
- eine Eissorte
- eine Eisschicht auf der Straße

Welches der genannten Dinge ist kein Wintersportgerät?
- ein Rodel
- ein Schlittschuh
- ein Wasserschi

Wer kommt am 6. Januar ins Haus?
- der heilige Nikolaus
- die Heiligen Drei Könige
- die drei Musketiere

③ Schreibe die Antworten in dein Heft.
Schreibe so: *Die Straßen werden mit … geräumt.*

④ Erfinde eigene Winterrätsel und schreibe sie auf Karteikarten.

Wenn du etwas wissen willst, stellst du eine Frage.
Fragesätze haben am Schluss ein Fragezeichen.

SPRACHSTUDIO

Sammelnamen schaffen Ordnung

das Hemd die Schere der Teddy die Puppe der Füller das Lineal die Jacke das Auto

das Heft das Lexikon die Hose der Schal das Kleid der Würfel der Fußball

① Schreibe so:
Spielzeug: *die Puppe, …*
Kleidung: …
Schulsachen: …

Welches Wort passt nicht?

?	?	?	?
a)	b)	c)	d)
das Kalb	der Arm	der Apfel	der Schrank
der Hund	der Kopf	die Glühbirne	der Tisch
die Kröte	der Bauch	die Kirsche	das Flussbett
die Katze	der Rücken	die Banane	der Stuhl
die Leseratte	der Fuß	die Orange	das Regal
das Pferd	das Elfenbein	die Melone	der Sessel

② In jeder Wörterliste steht ein falsches Wort.
Finde es heraus!

③ Finde einen Sammelnamen für jede Liste.
Schreibe so: *a) …*

④ Schreibe eine Wörterliste ab. Finde weitere Wörter, die dazu passen.

Texte überarbeiten

Jörg will diese Geschichte aufschreiben.
Erst hat er gesammelt, was in der Geschichte vorkommen muss:

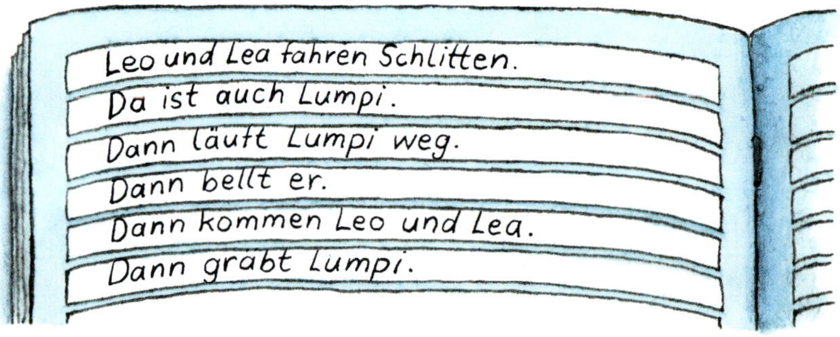

Jörg hat die Geschichte sorgfältig überarbeitet und neu aufgeschrieben:

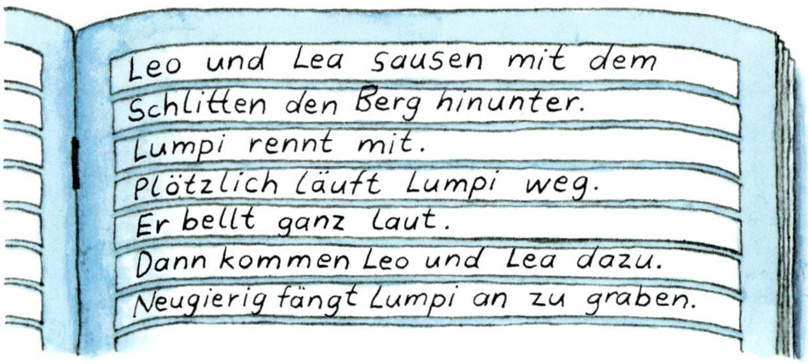

① Vergleiche die beiden Texte. Was hat Jörg geändert?

② Was ist für eine gelungene Geschichte wichtig?

③ Schreibe die Geschichte zu Ende.

KALEIDOSKOP

Glückwunschkarten für Geburtstagskinder in der Klasse

So kannst du dich bei anderen Kindern für Glückwünsche und Geschenke bedanken.

Monatsnamen kannst du auch so aufschreiben:

Ein ganzes Jahr am Stück – ein selbst gebastelter **Kalender**

— Mit allen Sinnen die Welt erfassen —

Nur ein Stein!

Nur ein Stein?

Ich habe ihn gefunden. Im Garten.
Braun ist er mit feinen weißen Adern.
Ein dünner Sprung auf einer Seite.
Fast wie ein Herz – seine Form.
Glatt fühlt er sich an,
am Rand ein bisschen rau.
Wenn ich ihn an meine Stirn halte,
ist er ganz kühl.
Sogar hören kann ich ihn,
wenn er einen anderen Stein trifft.

① Suche dir auch einen Stein. Wie sieht er aus?
Was spürst du? Ist er leicht? Fühlt er sich kalt an? Ist er glatt?
Du kannst deinen Stein auch riechen und hören.

② Schreibe einen Text zu deinem Stein.

③ Auch diese Dinge kannst du untersuchen und kennenlernen:
Erzähle, male und schreibe.

eine Muschel

eine Nuss

ein Blatt

eine Kastanie

ein Ästchen

Richtig schreiben – S. 122–125

Auf Entdeckungsreise mit allen Sinnen

① Welche Wiewörter passen zu welchem Sinn? Schreibe so:

 : *bunt*, ...

 : ...

 : ...

 : ...

 : ...

Eine Wiewort-Katze

② Male und schreibe ein Wiewort-Bild zu einem Tier, zu einem Ding, ...

Ein Indianer mit scharfen Sinnen

Großer Bär kann scharf sehen, er hört hervorragend und spürt feinste Spuren.
Großer Bär schult seine Sinne und hält sie gesund.

Was sagt Großer Bär dazu?

① Schreibe dir einige wichtige Indianerregeln auf.

Ich sehe wenig fern.

Ich esse ...

Ein Indianerfrühstück in der Schule

Großer Bär erklärt:

Was erklärt Großer Bär?

① Schreibe die Sätze auf. Denk daran: Satzanfang groß, Punkt am Satzende.

Großer Bär plant mit der Klasse ein gesundes Frühstück

② Plant selbst ein Indianerfrühstück in der Schule.
Jedes Kind entscheidet, was es mitbringt.
Schreibe dir einen Merkzettel.

SPRACHSTUDIO

Wiewörter

Untersuche Lebensmittel mit allen Sinnen!

 riechen 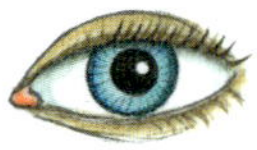 sehen  schmecken 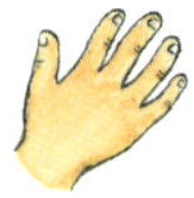 fühlen

Apfel

Schwarzbrot

Gurke

Honig

Zitrone

fein – rund – süß – glatt – würzig – braun – herzhaft – rau frisch – gut – herb – oval – gelb – golden – länglich – klebrig sauer – säuerlich – hart – rissig – herb – scharf – mild – glatt

① Schreibe zu jedem Lebensmittel passende Wiewörter auf.
Schreibe so: *Apfel: fein, rund, säuerlich, ...*
Schwarzbrot: ...

Großer Bär rät dir:

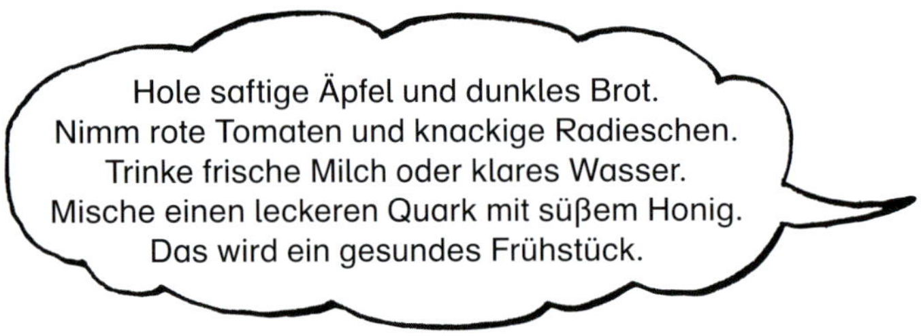

② Schreibe die Namenwörter mit ihren Wiewörtern auf.
Schreibe so: *Die Äpfel sind saftig.*
Das Brot ist ...
Kennzeichne die Wiewörter.

③ Suche zu vier Wiewörtern ihr Gegenteil.
Schreibe so: *saftig – trocken, ...*

④ Schreibe den Text mit dem Tipp von Flipp auf Seite 112 ab.

Sammelnamen/Oberbegriffe

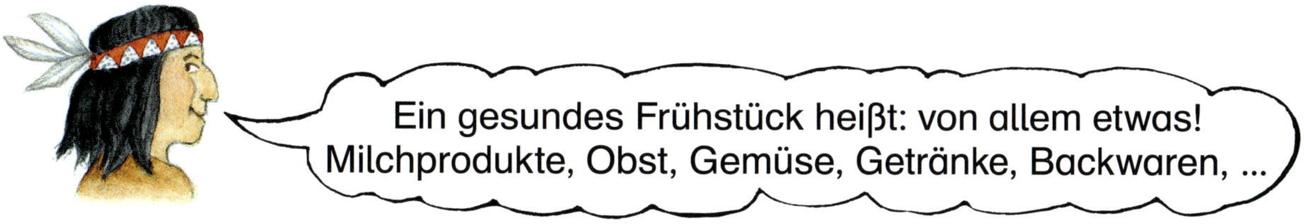

① Ordne die Speisen zu den passenden Sammelnamen.
Schreibe so: *Milchprodukte: der Quark, ...*
Obst: ...

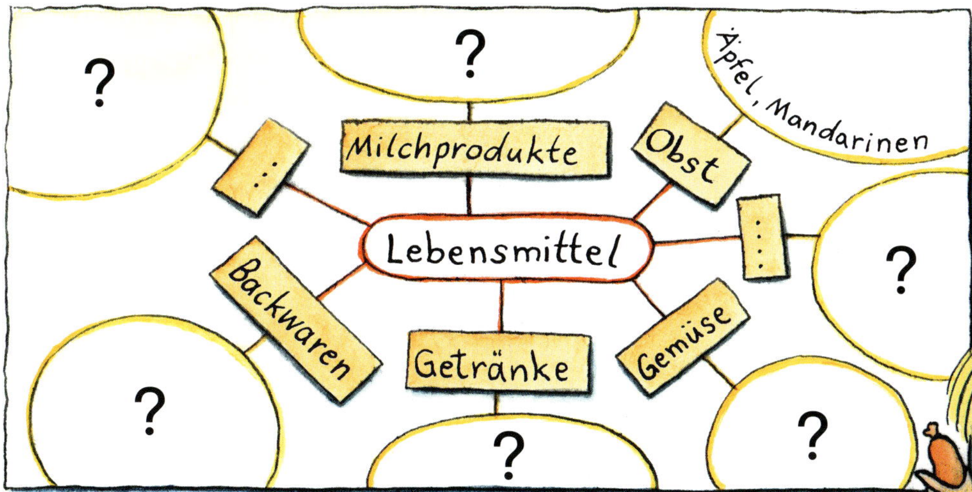

② Schreibe und gestalte ein Lebensmittel-Plakat.

③ Erweitere dein Plakat mit weiteren Produktnamen:
Kartoffeln, Joghurt, Käse, Kirschen, Birnen, Wasser, …

Notizen schreiben

Merkzettel

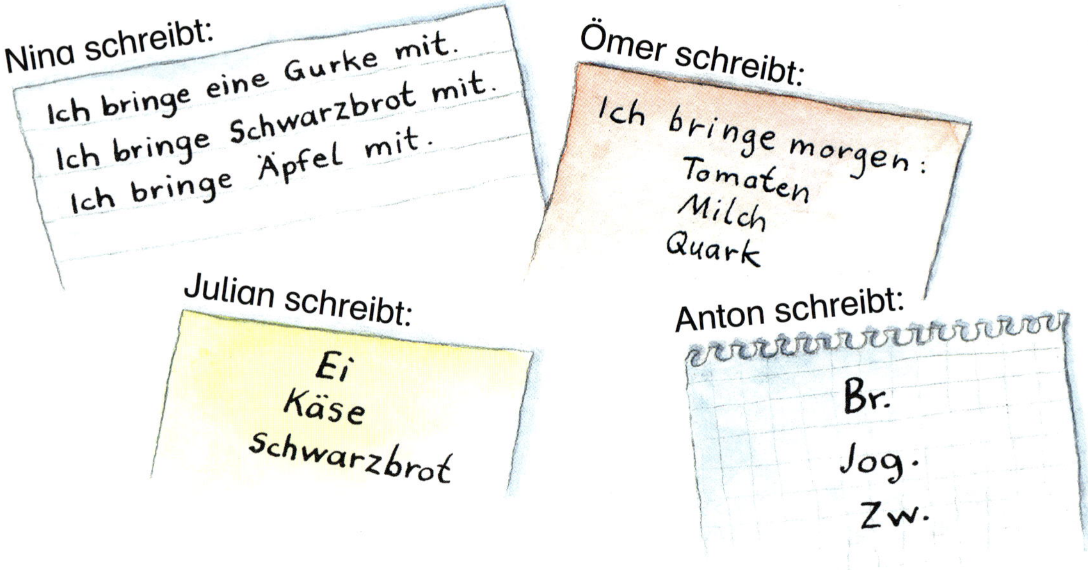

① Wer hat alles kurz und klar aufgeschrieben?

② Schreibe selbst einen Merkzettel für deinen nächsten Einkauf.

Notizen im Hausaufgabenheft

Die Lehrerin sagt:
„Im Rechenbuch rechnet ihr auf Seite 17 Nummer 2 und 3! Lest im Lesebuch die Geschichte auf Seite 9 noch einmal durch! Vergesst nicht Wörter mit (st) zu sammeln!“

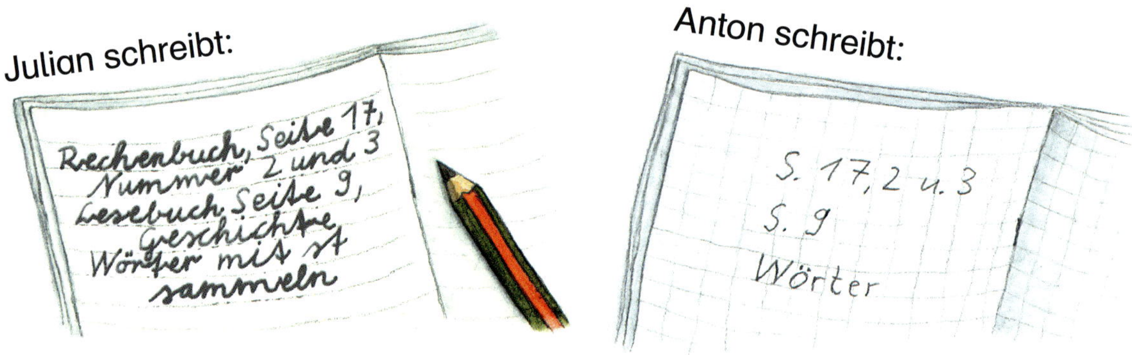

③ Wie würdest du die Hausaufgaben notieren? Begründe.

④ Überlege dir Abkürzungen für Rechenbuch, Lesebuch, …

KALEIDOSKOP

Das schmeckt zum Indianerfrühstück!

1. Radieschen und Apfel klein schneiden
2. Joghurt in eine Schüssel gießen
3. Radieschen und Apfel dazugeben
4. Schnittlauch klein schneiden
5. Joghurt mit dem Schnittlauch bestreuen

Mein Lieblings-Indianerfrühstück

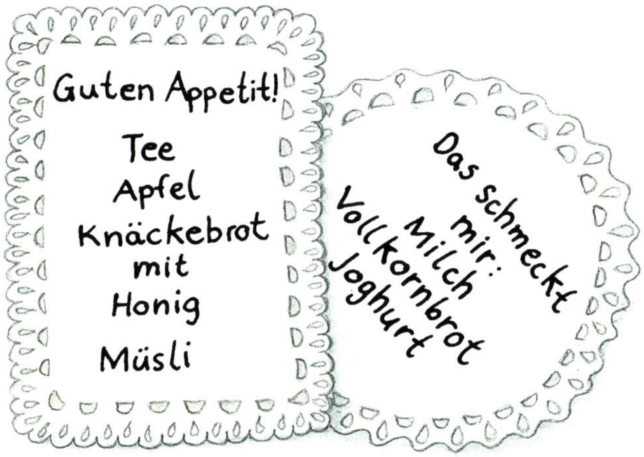

Ein Kresse-Gärtchen

1. Watte auf einen Teller legen

2. Watte anfeuchten

3. Kressesamen säen
4. Warten und feucht halten

Lise-Lase-Lese-Übung

Quirk	Krasse	Mulch
Quork	Krisse	Milch
Quark	Krosse	Malch
Quurk	Kresse	Melch

Erfinde selbst eine Lise-Lase-Lese-Übung für deine Mitschüler.

Tierischer Besuch

Heute bringt Tini ihr Kaninchen mit in die Schule.
Die Kinder haben viele Fragen:

Das sind Tinis Antworten:

Es frisst Salat, Rüben und Gras.

Es ist erst vier Wochen alt.

Ich habe einen Stall im Garten.

Ich nenne es Hoppel.

Ich habe es von meiner Oma bekommen.

① Zu jeder Antwort gehört eine Frage.
Schreibe so: *Wie alt ist es? Es ist erst vier Wochen alt.*

② Lest die Fragen und die Antworten mit verteilten Rollen.
Zeige den Klangbogen zu jeder Frage und zu jeder Antwort mit der Hand.
Der Klangbogen macht die Betonung sichtbar.

Wie alt ist es? Es ist erst vier Wochen alt.

Auf die Betonung kommt es an!

Informationen sammeln und festhalten

Die Kinder wollen über verschiedene Haustiere mehr erfahren.
Jede Gruppe interessiert sich für ein anderes Tier.

Die Kinder wollen sich genau informieren.

Tierarzt | Zoohandlung | Bibliothek | Tierhalter | ?

① Welche Experten können die Kinder noch befragen?

② Wie bereiten sich die Kinder auf das Gespräch vor?

③ Wie halten sie ihre Informationen fest?

Eine Gruppe hat zu ihrem Tier ein Plakat gestaltet:

④ Gestaltet selbst ein Plakat zu einem Tier.

Katzengeschichten

① Verfolge Minkas Spur auf dem Bild.

② Jetzt kennst du die ganze Geschichte. Schreibe sie auf.
Denke daran: Ein Geschichte besteht aus Sätzen.

③ Suche eine passende Überschrift.

Minka will eine Fliege fangen.
Ob das gut geht?

④ Schreibe die Geschichte auf.
Suche eine passende Überschrift.

⑤ Lest eure Geschichten vor.
Verstehen die Zuhörer alles?

Tiergeschichten

Der Goldhamster

Der Goldhamster ist ein Nagetier. Seine Nagezähne sind scharf. In seinen Backen hamstert er sein Futter. Der Goldhamster ist in der Nacht wach. Am Tag schläft er.

Mein Hund Bobby

Bobby ist mein bester Freund. Wenn ich aus der Schule komme, gehe ich mit ihm spazieren. Am liebsten spielt er mit mir Fußball.

Mein Wunschtier

Ich wünsche mir ein Krokodil.
Ich würde es Willi nennen.
Es dürfte bei mir in der Badewanne wohnen.
Willi wäre ganz zahm.
Ich könnte ihm die Zähne putzen.

Ich bin eine kleine Katze.

Ich heiße Minz und lebe mit meiner Schwester Maunz in einem schönen Haus mit einem großen Garten. Am Tag schlafen wir in unserem Katzenkorb. In der Nacht wollen wir hinaus. Wir klettern auf Bäume oder schleichen durch die Hecke. Da gibt es immer etwas zu entdecken!

① Lies die vier Texte. Wodurch unterscheiden sie sich?

② Schreibe einen Text zu einem Tier auf. Male ein Bild dazu.

SPRACHSTUDIO

Fragen und Antworten

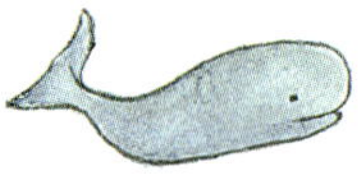

Wie schwer ist ein Wal

Er kann bis zu 50 Jahre alt werden

Wohin legt das Kuckucksweibchen seine Eier

Wie alt wird ein Elefant

Wer brütet bei den Pinguinen die Eier aus

Das Männchen brütet die Eier aus

Er legt seine Eier in fremde Nester

Er wiegt so viel wie ein kleines Auto

Am Klangbogen kannst du Frage und Antwort voneinander unterscheiden.

Fragesatz: ?

Antwortsatz: .

① Lies und ordne jeder Frage eine Antwort zu.
Zeige den Klangbogen.

② Schreibe die Fragen mit den passenden Antworten auf.
Verwende die richtigen Satzzeichen.

Fragesätze fangen oft mit Fragewörtern an.

Satzarten

Oh, ist der süß
Der Arme
Wie heißt der denn
Wächst der noch
Darf ich den streicheln
Beißt er
Er sieht aus wie unser Hund
Ich spende 5 Euro für das Futter
Wie alt ist der
Diesen Hund möchte ich gerne ausführen
Goldig

① Sprich die Sätze laut und betont.

② Ordne und schreibe die Sätze mit Satzzeichen auf.
Schreibe so: *Aussagesätze: Ich spende …*
Fragesätze: …
Ausrufesätze: …

Wenn man mit einem Satz etwas erzählt, ist er ein Aussagesatz.
Er hat am Ende einen Punkt.

Ich spende 5 Euro für das Futter.

Wenn man mit einem Satz eine Frage stellt, ist er ein Fragesatz.
Er beginnt oft mit einem Fragewort. Er hat am Ende ein Fragezeichen.

Beißt er?

Wenn man mit einem Satz etwas ruft, ist er ein Ausrufesatz.
Er hat am Ende ein Ausrufezeichen.

Oh, ist der süß!

Aussagesatz, Fragesatz und Ausrufesatz sind die drei Satzarten.

Geschichten überarbeiten

Jörg liest seine Tiergeschichte vor. Die anderen Kinder hören zu. Dann sprechen sie über den Text.

Jörg hat jetzt viele Ideen, wie er seinen Text überarbeiten kann:

- Er sucht nach verschiedenen Satzanfängen:
  Der kleine Hund ... *Mein bester Freund ...* *Struppi ...*
- Er stellt manche Sätze um:
  Am liebsten frisst ...
- Er verwendet Wiewörter, um genauer zu beschreiben:
  Er hat ein braunes Fell.
- Er erzählt ausführlicher:
  Nachts schläft mein Hund in seinem eigenen Körbchen in der Küche.

① Schreibe Jörgs Geschichte neu. Beachte die Änderungsvorschläge.

② Überarbeite deine eigene Tiergeschichte.

KALEIDOSKOP

Tierische Sprache

Sauwetter
Hasenfuß
Schlaufuchs
hundemüde
bärenstark

Findest du noch andere tierische Wörter?

Tierische Rätsel!

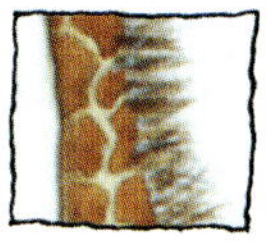

Mein Hals ist sehr lang. Ich wohne in Afrika. Kennst du meinen Namen?

Ich habe eine dicke Mähne und kann laut brüllen. Man nennt mich auch den König der Tiere. Wer bin ich?

Ich bin kein Fisch, lebe aber im Meer. Ich bin sehr groß. Zum Atmen komme ich an die Wasseroberfläche.

Tierische Witze

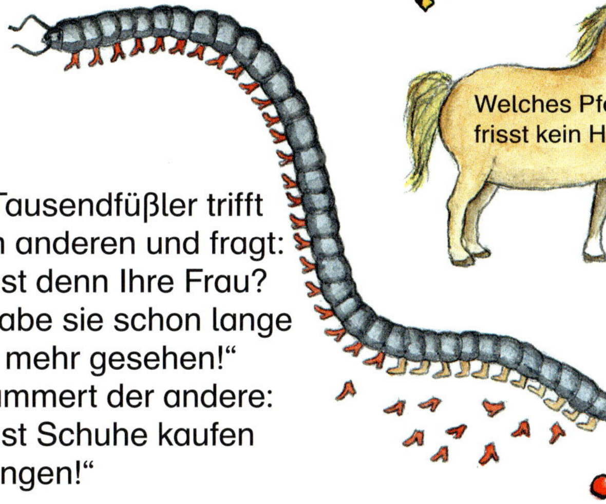

Der Tausendfüßler trifft einen anderen und fragt: „Wo ist denn Ihre Frau? Ich habe sie schon lange nicht mehr gesehen!“ Da jammert der andere: „Sie ist Schuhe kaufen gegangen!“

Monika sagt zu ihrem Papa:
„Ich fühle mich hundeelend, es geht mir saudreckig.“
Papa runzelt die Stirn und sagt:
„Na, dann müssen wir wohl den Tierarzt rufen!“

Tierische Scherzfragen

Kinder in aller Welt

Ich heiße Teresa und lebe in Polen. Meine Stadt heißt Krakau. Am liebsten esse ich Pizza. Ich möchte Tänzerin werden.

Ich bin Mika aus Finnland. Ich wohne in Tampere. Ich gehe gern fischen. Wenn ich erwachsen bin, werde ich Tierarzt.

Mein Name ist Xi Wang. Ich wohne in China in der Stadt Peking. Ich bastle viel. Wenn ich groß bin, werde ich Lehrerin.

① Und du? Was sind deine Hobbys? Was willst du einmal werden? Erzähle.

So schreiben die Kinder ihre Namen:

Teresa *Mika* 希望

② Wie sieht deine Unterschrift aus?
Probiere verschiedene Möglichkeiten auf einem Blatt Papier aus.

③ Lege eine Liste an.
Trage die Namen einiger Kinder aus deiner Klasse ein.
Lass die Kinder daneben unterschreiben.

Vornamen in verschiedenen Ländern

Michael • David • Anna • Linda • Maria • Frank • Christina • Patrizia
Erika • Peter • Laura • Susanne • Johannes • Josef • Stefan

④ Schreibe zu den Vornamen in fremder Sprache die deutschen Namen.
Schreibe so: *Pjotr = Peter, …*

Richtig schreiben – S. 130–133

Verstehen ohne Worte

So begrüßen sich Menschen in anderen Ländern:

Grönland

Japan

Frankreich

① Kennst du noch andere Möglichkeiten, sich zu begrüßen? Spiele sie vor.

Verstehst du Gül?

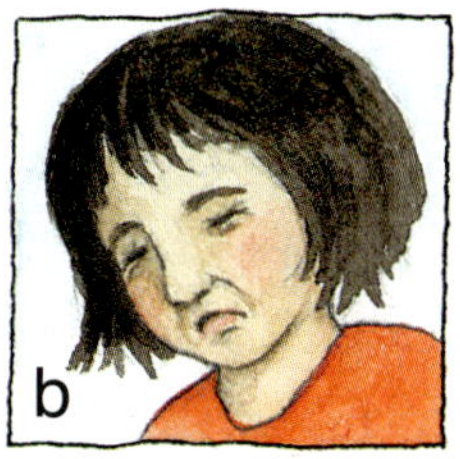

müde | erstaunt | zornig | traurig | freundlich

② Ordne den Gesichtern passende Wörter zu. Schreibe so: *a)* ...

Was meint Roberto?

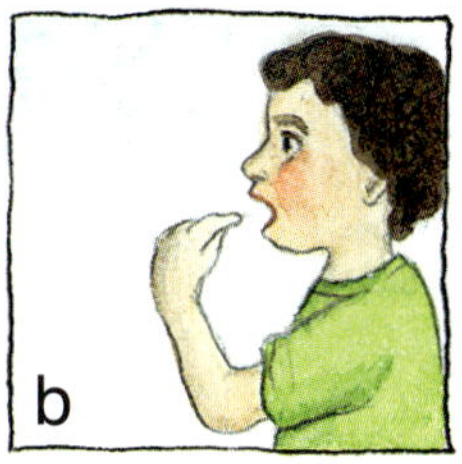

Denke noch einmal nach! | Ich bin müde. | Komm bitte her!

Ich habe Hunger. | Ich habe dich nicht verstanden.

③ Ordne die Sätze den Bildern zu. Schreibe so: *a)* ...

Wörter - words - …

Ein Wörterbuch in vielen Sprachen

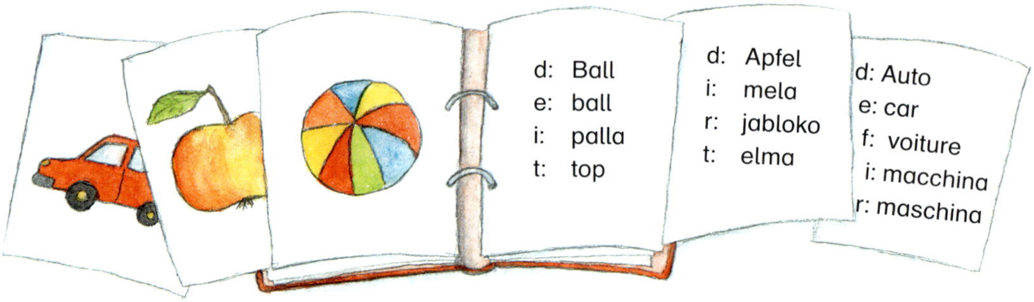

d: deutsch e: englisch f: französisch i: italienisch r: russisch t: türkisch

① Male und schreibe selbst so ein Wörterbuch.
Wörter zum Übersetzen: Haus | Schule | Lehrer | Sonne | …?
Wo kannst du dich informieren?

Die wichtigsten Wörter und Sätze

Guten Tag!	Bon giorno!	Merhaba!
Auf Wiedersehen!	Arrivederci!	Allah is marladık!

Danke!	Grazie!	Teçekkür ederim!
Bitte!	Prego!	Lütfen!

Ich heiße …	Io mi chiamo …	Benim adım …
Wie heißt du?	Come ti chiami?	Senin adın ne?

② Sprecht die Wörter und Sätze in den fremden Sprachen.

③ Sammelt Wörter und Sätze in verschiedenen Sprachen.
Gestaltet ein Plakat.

Auszählreime bei uns und anderswo

Eins, zwei, drei, vier,
fünf, sechs, sieben,
meine Mutter,
die kocht Rüben,
meine Mutter,
die kocht Speck,
und du bist weg.

1 2
One, two,
I see you!
One, two, three,
you see me!
1 2 3

eeny, meeny, miny, moe,
catch a tiger by the toe.
If he hollers, make him pay
fifty dollars every day.

Ene mene subtrahene,
divi, davi, domino.
Lecknbrocka, Kasanocka,
zinki, zanki, außito.

1 2 3 4 5
One, two, three, four, five,
once I caught a fish alive.
6 7 8 9 10
six, seven, eight, nine, ten,
then I let him go again!

Arlecchino aveva un trombone
fatto di panna e di torrone,
un vestito tanto carino
rosso, blu, giallo e verdino.

Arlecchino aveva un cappellino
del color del carboncino,
tutto toppe il vestitino
viva, viva Arlecchino.

① Auszählreime für Kinder gibt es in vielen Sprachen.
Lerne einen auswendig.

② Wähle einen Auszählreim aus oder erfinde selbst einen.
Schreibe den Reim auf ein Blatt.
Male Bilder dazu oder zeichne einen Rahmen.

Sprachen

In fremden Sprachen klingen manche Wörter ähnlich wie bei uns.

englisch	italienisch	französisch
school [skul]	scuola [skuola]	école [ekol]
sister [sista]	sorella [sorella]	sœur [sör]
sun [san]	sole [sole]	soleil [soläi]
cat [kät]	gatto [gatto]	chat [scha]
rose [rous]	rosa [rosa]	rose [ros]

Die Wörter in einer Zeile bezeichnen das gleiche deutsche Wort.

① Lies die Wörter, schreibe sie auf und suche das passende deutsche Wort dazu. Schreibe so: *school, scuola, école = ...,*

Auch Bilder können sprechen

a) 
b) 
c) 
d) 

Spielstraße	Fußgängerüberweg	Fußgänger	Radfahrer

② Ordne den Bildern die Wörter zu. Schreibe so: *a) ...*

Bilder machen Regeln sichtbar

a) 
b) 
c) 
d) 
e) 
f) 

Ich melde mich, wenn ich sprechen möchte.	Anderen höre ich aufmerksam zu.
Ich arbeite mit einem Partner zusammen.	Wir treffen uns im Gesprächskreis.
Wenn andere sprechen, bin ich still.	Wir arbeiten in der Gruppe.

① Ordne den Bildern ihre Bedeutung zu. Schreibe so: *a) Wir treffen ...*

In einer Klasse gibt es viel zu tun:

- Blumen gießen
- Tafel putzen
- Hefte austeilen
- begrüßen und verabschieden
- Garderobe aufräumen
- ?

② Erfindet Zeichen für die Dienste in eurer Klasse.

SCHREIBSTUDIO

Ein Gedicht weiterschreiben

Kinder in aller Welt

Alle Kinder dieser Welt
brauchen jemanden, der sie liebt,
der ihre Hand in seiner hält,
der ihnen Essen, Kleidung gibt.

Alle Kinder dieser Welt
brauchen Freunde, die sie lieben, ...

① Was brauchen alle Kinder dieser Welt noch?
Schreibe weiter.
Die Wörter in den Denkblasen helfen dir.

KALEIDOSKOP

Hand in Hand

Jedes Kind in der Klasse färbt seine Hand mit Fingerfarbe ein. Mit den Handabdrücken wird ein Plakat gestaltet. Jeder unterschreibt mit seinem Namen.

Für welches Land stehen diese **Autoplaketten**? Aus welcher Stadt könnte das Auto kommen?

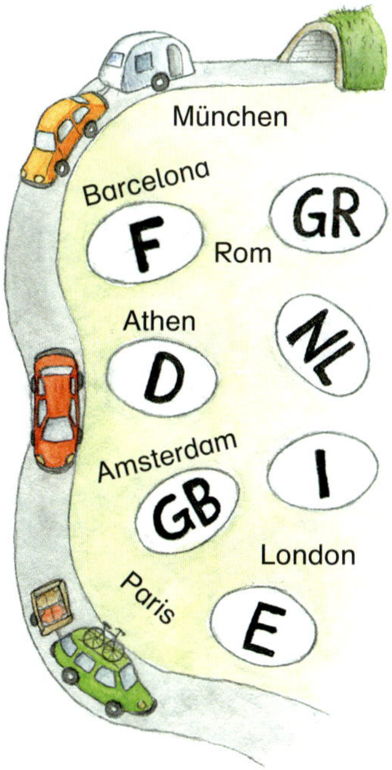

Länderkisten

Ihr könnt eine Länderausstellung in eurer Klasse aufbauen. Und so gehts:

- Legt für jedes Land, das euch interessiert, eine Kiste an.
- Füllt sie mit Gegenständen und Bildern, die zu diesem Land passen.
- Auf die Kiste könnt ihr die Flagge des Landes malen.

Malen mit Fremdwörtern

Schnuddelbuddel baut ein Haus

ⓐ Einmal sagte Schnuddelbuddel:
„Heute baue ich ein Haus,
und wer macht mit?“

„Ich“, rief Schnuddelpferdchen.

ⓑ Schnuddelpferdchen trug die Bretter
und Schnuddelbuddel baute
die Wände und das Dach.
Als das Haus fertig war,
rief Schnuddelpferdchen:
„Und wo wohne ich?“

ⓒ „Wir brauchen jetzt noch:
1 Badezimmerhaus
1 Sägezimmerhaus
1 Honigeimerzimmerhaus
1 Balkonzimmerhaus
1 Kaninchenstallhaus
1 Ferienzimmer- und
1 Aussichtszimmerhaus
1 Kanarienvogelgesangs-zimmerhaus
1 Freizeit-Gartenlauben-Penthaus
1 Wolkenzimmerhaus und
1 Hubschraubergarage.“

Text/Bild: Janosch

① Welche Häuser bauen Schnuddelbuddel und Schnuddelpferdchen?

② Welches Haus gefällt dir besonders gut?
Beschreibe, wie es darin aussehen könnte.

Zusammensetzungen von Namenwörtern – Sprachstudio S. 90–91 Richtig schreiben – S. 134–137

Ein Traumschulhaus

Im Traumschulhaus gibt es besondere Zimmer mit besonderen Namen.

① Wie sieht es in den Zimmern aus?
Was kann man darin tun?

② Lies die Namen und überlege, wie die anderen Zimmer heißen könnten.

③ Erfinde selbst ein Zimmer für das Traumschulhaus
oder wähle eines aus und schreibe dazu.
Aus vielen Zimmern könnt ihr ein Traumschulhaus bauen.

Besondere Wörter in der Traumschule

Im Traumschulhaus haben die Schulsachen besondere Namen:

die Rückenkiste

der Spurenzieher

der Buchstabenfresser

die Kreidewand

der Tintensammler

das Wörterversteck

① Ordne den Bildern die passenden Namen zu.
Schreibe so: *das Buch – das Wörterversteck, …*

② Überlege dir Namen für diese Gegenstände.
Schreibe so: *Ein Lineal heißt* , …

Im Traumschulhaus

Tom wischt die Tafel.
Magdalena schmökert in einem Buch.
Lea sucht ihren Radiergummi.
Tine teilt die Hefte aus.

③ Übersetze die Geschichte in die Sprache der Traumschule und schreibe sie auf.

④ Schreibe die Geschichte weiter. Verwende auch Wörter, die du selbst erfunden hast.

Wörter bauen – Wörter zerlegen

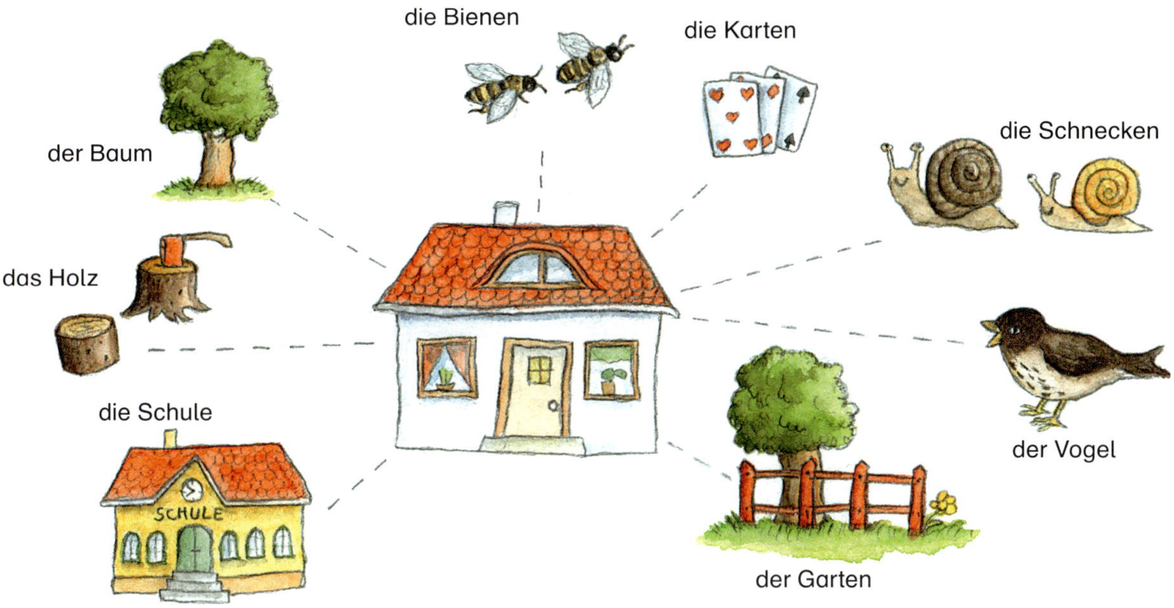

① Wie heißen diese Häuser?
Setze die Namenwörter zusammen.
Schreibe so: *der Baum, das Haus – das Baumhaus, ...*

② Wähle drei Häuser aus. Male sie und schreibe dazu.
Schreibe so: *Ein Gartenhaus ist ein Haus im ...*

Versteckte Wörter

das Honigzimmerhaus, das Kaninchenstallhaus, die Rückenkiste,
die Kreidewand, das Wörterversteck, das Tierzimmer

③ Welche Wörter sind hier versteckt?
Schreibe so: *das Honigzimmerhaus: der Honig, das Zimmer, das Haus, ...*

Treppen aus Namenwörtern

④ Schreibe und male selbst eine Treppe aus Namenwörtern.
Wähle aus oder erfinde sie.

Wörter bauen

Kennst du diese Tiere?

① Setze die Namenwörter so zusammen, dass Tiernamen entstehen.
Schreibe die Namen der Tiere auf.
Schreibe so: *der Regen, der Wurm – der Regenwurm, …*

Zusammengesetzte Namenwörter

Namenwörter kann man zusammensetzen.
Zusammengesetzte Namenwörter bezeichnen genau.

Zwei Wörter – eine Sache

Zahn Wasser Ohr Brot Sonne Finger Dach

Ring Blume Rad Stuhl Hahn Korb Hut

① Bilde zusammengesetzte Namenwörter.
Schreibe so: *der Zahn, das Rad – das Zahnrad, ...*

Kennst du dich aus in der Natur?

a)

Mohnblume
Sonnenblume
Glockenblume

b)

Heckenrose
Seerose
Pfingstrose

c)

Maikäfer
Mistkäfer
Marienkäfer

d)

Ochsenfrosch
Grasfrosch
Laubfrosch

e)

Kreuzspinne
Vogelspinne
Hausspinne

f)

Erdbeeren
Johannisbeeren
Stachelbeeren

② Lies die Wörter und finde den richtigen Namen zum Bild.
Schreibe ihn auf. Schreibe so: *a) Glockenblume, b) ...*

③ Erkläre, warum die abgebildeten Tiere und Pflanzen so heißen.
Schreibe die Erklärungen für mindestens zwei Bilder auf.
Schreibe so: *Die Seerose ist eine Rose, die im See wächst.*

Wir erfinden Tiere

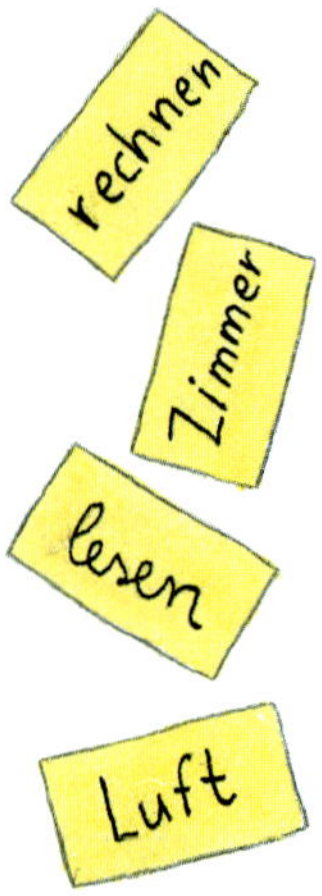

① Schreibe eine Geschichte über ein Tier, das es nicht gibt.
Der Leser oder Hörer deiner Geschichte will erfahren:

- Wie sieht das Tier aus?
- Wo lebt das Tier?
- Was tut es gern?
- Wie kam es zu seinem Namen?

② Lest euch die Geschichten gegenseitig vor.
Hatte der Geschichtenschreiber lustige Ideen?

Diese Geschichten haben Kinder
einer zweiten Klasse aufgeschrieben:

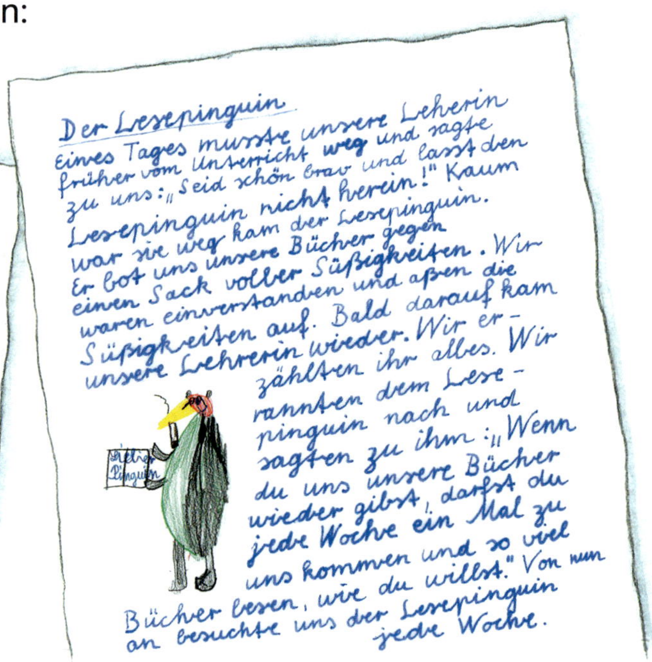

Tiere zaubern ist nicht schwer! – Ich zaubere mir einen Hasen her!

Kind →
Tatze →
Haus →
Hand →
Hose →
Tisch →

Findest du noch mehr Wörter
zum Verwandeln?

Der schlafende Tiger – Ein Spiel für die Dschungel-Party

Der Tiger liegt auf dem Boden und schläft.
Die anderen Tiere tanzen um ihn herum.
Sie versuchen sogar ihn zu kitzeln.
Irgendwann hat der Tiger ausgeschlafen.
Er ruft: „Zeit zum Fressen!“
Er springt auf und jagt die anderen Tiere.
Das Tier, das zuerst gefangen wird, ist der neue Tiger.

Schule für Tiere
Ein Spiel mit Stabpuppen

Bei den Walfischen:

Lehrer :

„Jetzt haben wir Luftanhalten.

Keiner darf nach oben schwimmen.“

(Stille)

Kleiner :

„Aber jetzt, Herr Lehrer!“

: „Nein, Wali, du bleibst!“

: „Aber ich muss, Herr Lehrer!“

(Spielt weiter!)

Wasser macht Spaß

Ein Wasserfest

Die Klasse 2a veranstaltet im Sommer auf dem Schulhof ein Wasserfest.

① Schaut euch die Bilder genau an und erzählt dazu.

Schiff versenken

Mitspieler: zwei bis vier

Material: Planschbecken oder große Schüssel mit Wasser, Brotzeit- oder Seifendose, Gießkanne

Spielverlauf: Reihum gießen die Kinder aus der Kanne vorsichtig etwas Wasser in das Schiff (Dose).

Ziel: Wer das Schiff versenkt, hat verloren.

Wasser-Staffel

Mitspieler: zwei Gruppen mit gleicher Anzahl

Material: ein Joghurtbecher für jede Gruppe, zwei Eimer mit Wasser, zwei große Messbecher

Spieldauer: 3 Minuten

Spielverlauf: Zwei Staffeln werden gebildet. Der erste Läufer jeder Staffel füllt einen Becher mit Wasser. Er rennt zum Messbecher und gießt das Wasser hinein. Mit dem leeren Becher läuft er zurück und übergibt ihn an den nächsten Läufer. So geht das hin und her, bis die Zeit um ist.

Ziel: Gewonnen hat die Gruppe, die am Schluss am meisten Wasser im Messbecher hat.

② Zu welchen Spielen von oben passen diese Regeln?

③ Spielt die Spiele.

④ Kennt ihr noch andere Wasserspiele oder Experimente mit Wasser? Erklärt euch gegenseitig die Regeln. Probiert sie aus.

Richtig schreiben – S. 138–142

Spiele mit Wasser

① Das Spiel heißt Wasser-Memory. Wie wird es gespielt? Erkläre.

② Schreibe die Spielregeln auf.
Gliedere so:

Diese Wörter helfen dir beim Aufschreiben.
Wähle aus.

Mitspieler	*beliebig viele – fünf – mindestens zwei – ...*
Material	*Wanne mit Wasser – Planschbecken – Sanduhr – kleine Gegenstände – jeweils zwei gleiche Dinge – Murmeln – Muscheln – Steine – ...*
Spieldauer	*1 Minute für jedes Kind – 30 Sekunden für jeden – ...*
Spielverlauf	*Augen verbinden – mit beiden Händen fühlen – blind tasten – Paare finden – gleiche Dinge herausholen – ...*
Ziel	*die meisten Paare – die meisten Gegenstände – ...*

③ Lies deine Spielregeln vor. Könnt ihr danach spielen?

SPRACHSTUDIO

Auf die Plätze, fertig, los!

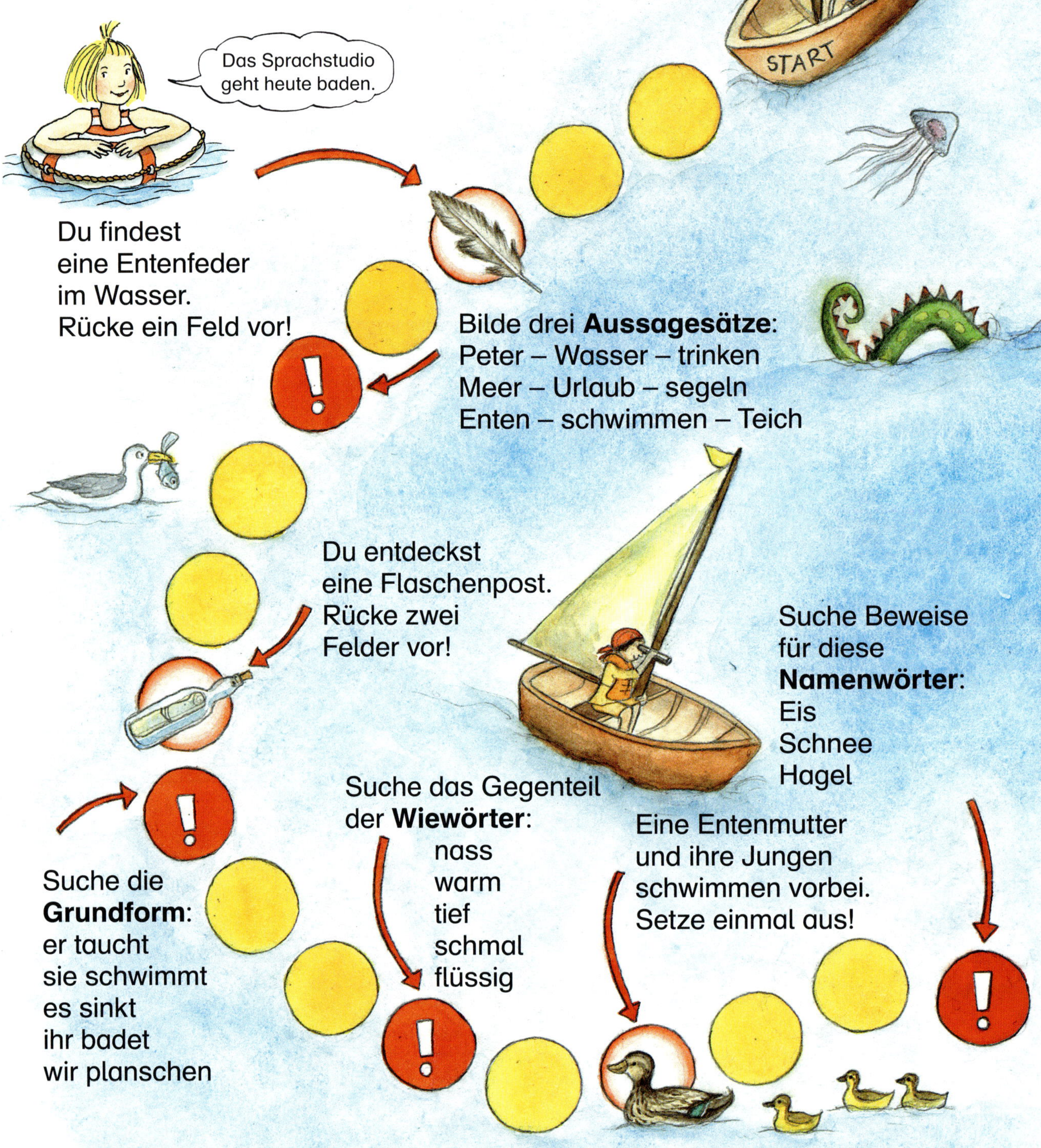

Jeder Mitspieler braucht einen Spielstein und einen Würfel.
Rücke so viele Felder vor, wie du gewürfelt hast.

Wenn du die Aufgabe richtig gelöst hast, darfst du stehen bleiben.
Wenn nicht, musst du ein Feld zurückgehen.

Zu einem Bild erzählen

① Betrachtet das Erzählbild. Sprecht darüber.

② Suche dir auf dem Bild etwas aus.
Es können Personen, Dinge, Tiere
oder Pflanzen sein.
Welches Abenteuer erleben sie?
Schreibe eine Geschichte darüber.

KALEIDOSKOP

Gedichte selbst gemacht!

Elfchen

Ein Elfchen ist ein Gedicht,
das aus **elf** Wörtern besteht.
Es hat einen Bauplan.

So sieht der Bauplan aus:
1. Zeile: ein Wort
2. Zeile: zwei Wörter
3. Zeile: drei Wörter
4. Zeile: vier Wörter
5. Zeile: ein Wort

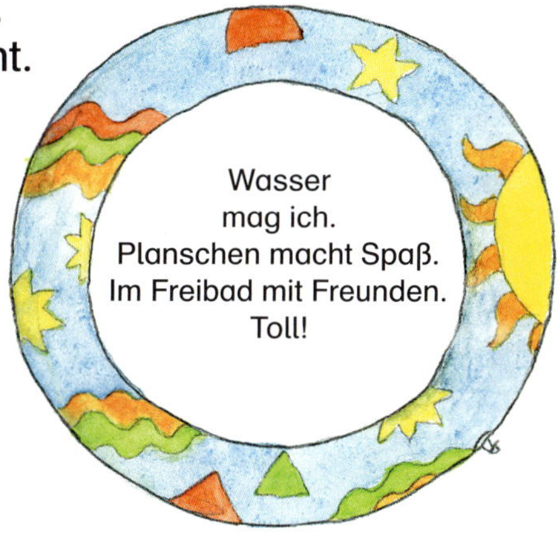

Zauberei mit Wasser – die geheimnisvolle Münze

Du brauchst:
- ein weißes Blatt Papier als Unterlage
- ein Marmeladenglas, gefüllt mit Wasser
- einen kleinen Teller
- eine kleine Münze

So funktioniert es:
- Lege die Münze auf das Blatt Papier.
- Stelle das Glas mit Wasser auf die Münze. Das Glas muss außen ganz trocken sein.
- Lege den Teller auf das Glas.
- Jetzt ist die Münze verschwunden.

Schüttelgläser basteln

Ein Marmeladenglas gut sauber machen.

Kleine Spielfiguren aus Knetmasse im Deckel festkleben.

Wasser einfüllen, Glimmersternchen dazugeben.

Fest verschließen, schütteln.

Spielen mit Sprache

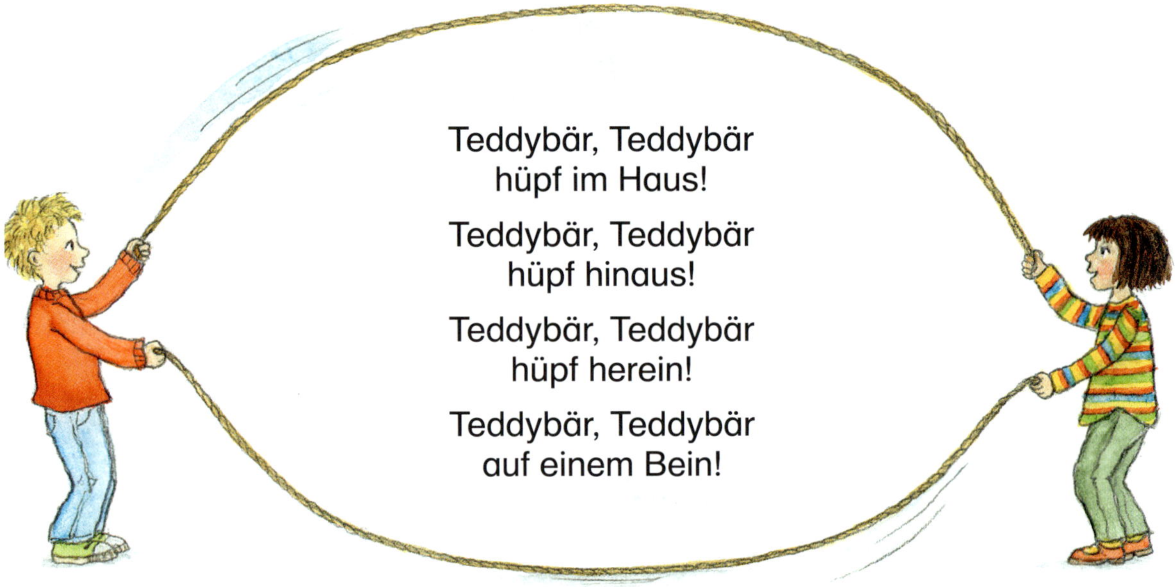

Teddybär, Teddybär
hüpf im Haus!

Teddybär, Teddybär
hüpf hinaus!

Teddybär, Teddybär
hüpf herein!

Teddybär, Teddybär
auf einem Bein!

Vier Wichtel
sie schleichen
leise und still
über die Wiese
zum silbernen Bach.

Da poltern
zehn Riesen
mit Pauken
und Trommeln
über die Brücke
und machen **Krach.**

① Das sind Bewegungsspiele.
Lies sie und versuche dazu zu hüpfen, zu schleichen oder zu trampeln.

② Sprecht die Verse deutlich und begleitet sie mit passenden Instrumenten.

Richtig schreiben

Mi ma mei
bulle balle bei
bulle balle rikaka
bulle balle mimama
bulle balle bei
du bist frei!

Renate Ferrari

ix, ax, ux,
du bist der grüne Fuchs,
du bist die blaue Maus,
und du bist raus!

Renate Ferrari

Itzli - pitzli - Rabenfuß,
rate mal, wer suchen muss!
Itzli - pitzli - buh,
nämlich du!

Anne,
Pfanne,
Badewanne.
Erdbeerkuchen –
du musst suchen!

Janosch

① Zähle mit den Versen aus. Du musst dabei deutlich sprechen.
Wann zeigst du immer auf das nächste Kind?

② Begleite die Verse mit Instrumenten.
Welches Instrument passt zu welcher Zeile?

Richtig schreiben

Das Abc

A B C D E F G H I J K L M N O P Q R S T U V W X Y Z

der Vogel | der Zahn | die Wasserfarben | der Saft | der Nagel | Obelix

die Uhr | die Tomate | der Ring | der Pinsel | das Xylofon

die Dose | der Apfel | die Ente | der Füller | der Geist | der Igel | das Lineal | das Ypsilon

das Heft | das Buch | der Computer | die Jacke | die Milch | die Kirschen | der Quark

Im Abc sind alle Buchstaben geordnet.

① Ordne die Namen der Dinge nach ihrem Anfangsbuchstaben. Beginne mit Ⓐ.
- Suche das passende Bild.
- Sprich das Wort deutlich.
- Schreibe so: *A – der Apfel, ...*
- Kontrolliere mit den Wörtern im Rand.

② Ordne nach dem Abc:
- die Namen der Kinder in deiner Klasse.
- die Lieblingsspeisen der Kinder in deiner Klasse.

Selbstlaute, Mitlaute und Umlaute

So klingen die Laute im Abc:

A	B	C	D	E	F	G	H	I	J	K	L	M	N	O	P
a	be	ce	de	e	ef	ge	ha	i	jot	ka	el	em	en	o	pe

Qu	R	S	T	U	V	W	X	Y	Z
ku	er	es	te	u	vau	we	ix	ypsilon	zet

Die **Selbst**laute können **selbst** klingen.
Die **Mit**laute brauchen Laute, die **mit** ihnen klingen.

 V_g_l
 K_m_l
 _l_f_nt
 _h_
 Kr_k_d_l
 _g_l
 K_tz_

① Schreibe die Tiernamen mit den richtigen Selbstlauten auf.

Umlaute für die Mehrzahl

Saft
Ast
Hut
Vogel
Bank
Wort
Hand
Buch

Säfte
Sätze
Äste
Vögel
Bänke
Hüte
Bücher
Hände
Wörter

② Bilde die Mehrzahl.
Schreibe so: *ein Hut – viele Hüte, ...*

Richtig schreiben

Mitsprechwörter 

Tipp von Flipp

1. Sprich das Wort langsam und deutlich. Worauf achtest du?

2. Decke das Wort zu.

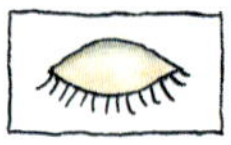
3. Stelle dir das Wort vor.

4. Schreibe für jeden Laut den passenden Buchstaben. Sprich dazu.

5. Kontrolliere, ob jeder Buchstabe stimmt.

Übungsfutter:

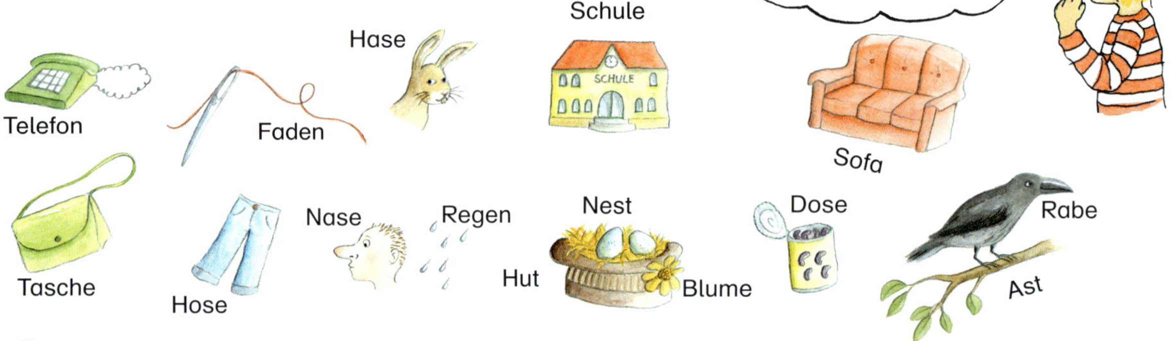

① Schreibe die Namenwörter mit dem Tipp von Flipp ab.

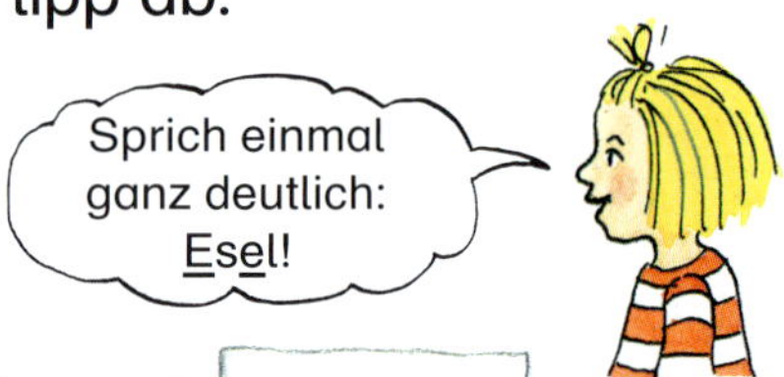

Alles ⓐ	Alles ⓔ	Alles ⓘ	Alles ⓞ	Alles ⓤ
Ameise	Fenster	Igel	Hose	Blume
Ast	Ente	Licht	Post	Frucht
Gras	Heft	Juli	Obst	Busch

② Sprich die Wörter deutlich und schreibe sie mit dem Tipp von Flipp auf.

③ Sammle aus der Wörterliste noch mehr Wörter, in denen **a, e, i, o, u** so verschieden klingen. Die Wörterliste ist auf den Seiten 146 bis 149.

Üben und können

Namenwörter – Mitsprechwörter

① Schreibe die Namenwörter mit ihren Begleitern der, die, das auf.
Schreibe so: *die Tasche, ...*

Einzahl und Mehrzahl

ein Buch	eine Tür	ein Apfel	eine Tasche	ein Ast
ein Heft	ein Ton	eine Hose	eine Bank	eine Raupe
ein Garten	eine Blume	eine Nacht	ein Knopf	

② Setze die Wörter in die Mehrzahl.
Schreibe so: *ein Buch – viele Bücher, ...*

Einen Text schreiben

In den Ferien

Ali war in der Türkei.
Leon hat eine Muschel gefunden.
Paula durfte reiten.
Tim war bei seiner Oma.
Ich ...

In den Ferien

Ali hat seinen Opa in der Türkei besucht.
Leon hat eine bunte Muschel gefunden.
Paula durfte auf einem Kamel reiten.
Tim hat fast jeden Tag seine Oma besucht.
Ich ...

③ Suche dir einen Text aus. Übe jedes Wort mit dem Tipp von Flipp auf Seite 104.

④ Lass dir den Text diktieren. Schreibe den Ich-Satz zu Ende.

Richtig schreiben

Doppellaute

Ons, zwO, drO,
alt ist nicht n☉.
N☉ ist nicht alt,
warm ist nicht kalt.
Kalt ist nicht hOß,
schwarz ist nicht wOß.

Rot ist nicht bl⌂,
wOß ist nicht gr⌂.
Groß ist nicht klOn –
alles richtig? FOn!

① Wie heißen die Bildwörter?
Schreibe sie auf und markiere ei, au, eu.

> Zwei Selbstlaute, die gemeinsam klingen, heißen Doppellaut.

② Forsche nach weiteren (ei), (au), (eu)-Wörtern in der Wörterliste (S. 146–149).
Schreibe so: *ei: eins, ...*
au: die Aufgabe, ...
eu: ...

③ Das Mäuse-äu ist auch ein Doppellaut:

Schreibe die Wörter in Einzahl und Mehrzahl auf.
Schreibe so: *ein Haus – viele Häuser, ...*
Markiere au/äu farbig.

Richtig schreiben

Wörter mit (ch) und (sch)

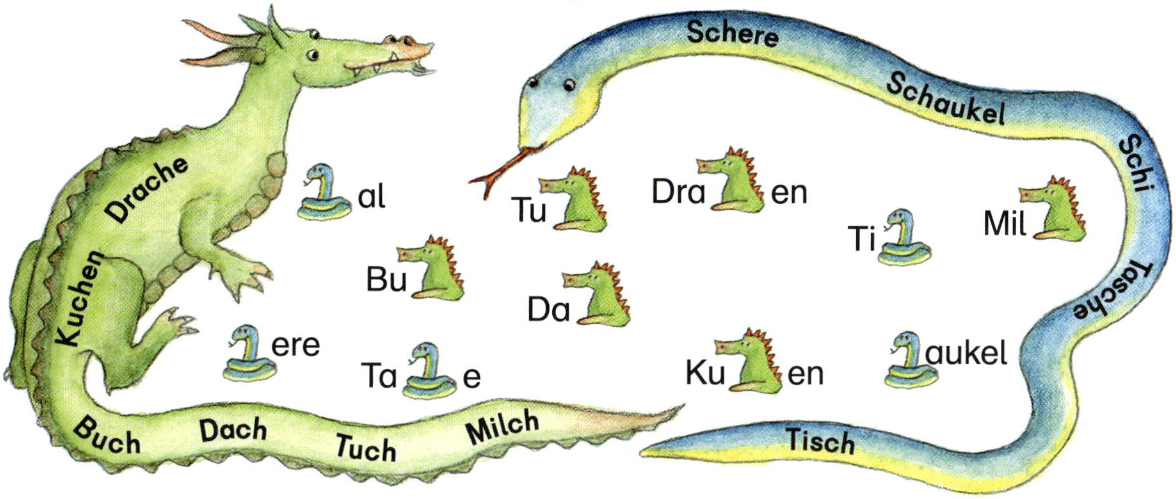

① Schreibe die Wörter auf. Schreibe so:
ch: das Dach, ...
sch: die Schere, ...

Markiere (ch) und (sch) farbig.

② Zähle in den Wörtern die Laute, die du hörst, und die Buchstaben, die du schreibst.

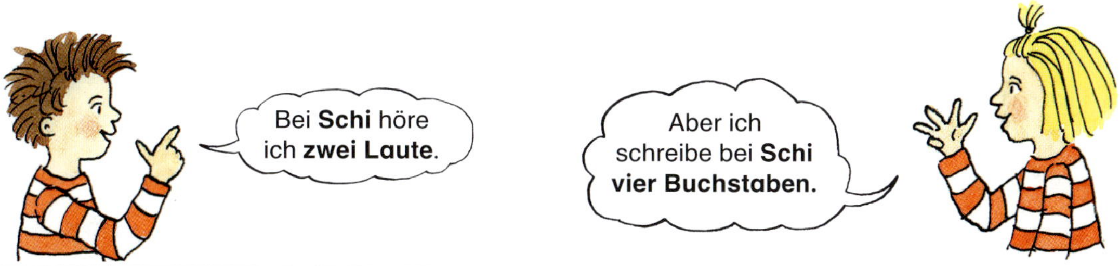

Für manche Laute musst du mehrere Buchstaben schreiben.

③ Suche Wörter mit (ch) und (sch) in der Wörterliste.

Reimen

Buch	**T**asche	**T**isch	**B**auch	**D**ach
T	**Fl**	**F**	**Schl**	**F**
	M			

④ Schreibe die Reimwörter auf. Markiere die Stellen im Wort, die gleich bleiben.
Schreibe so: *das B<u>uch</u> – das T<u>uch</u>, ...*

Wortbaustelle – Wortbausteine

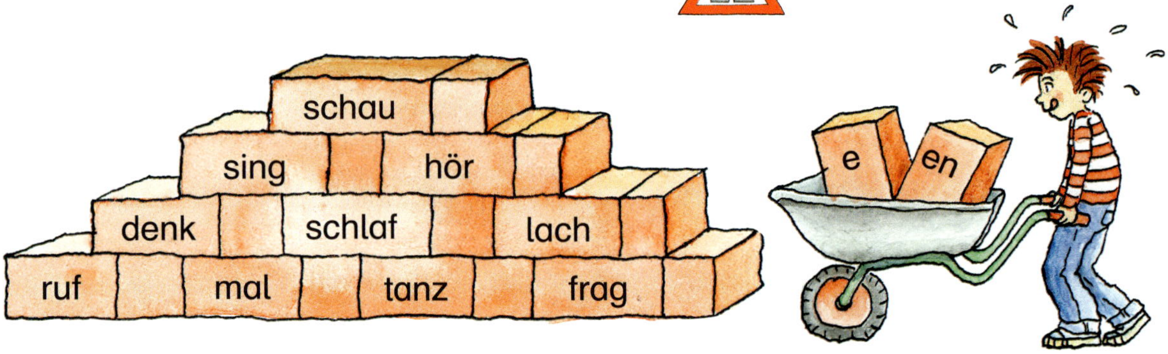

① An jeden Hauptbaustein passen verschiedene Endbausteine.
Probiere aus: Ich schaue, wir schauen, ...

Wörter sind aus Bausteinen gebildet.

② Schreibe die Tunwörter mit den richtigen Endbausteinen auf.
Markiere die Endbausteine farbig.

a) (ich) arbeit, bau, bad, fang

b) (wir) find, halt, lauf, leg

c) (ich) helf, (wir) wünsch, (ich) lieb, (wir) wasch

(wir) sag, (ich) schreib, (wir) üb, (ich) zeig

③ Schreibe deine Lieblingswörter in der (ich)- und (wir)-Form auf.

Üben und können

Doppellaute Ei/ei | Au/au | Eu/eu

der Bauch der Schl___	das Bein der St___	die Leute die B___	die Eule die B___

scheinen w___	blau schl___	heiß w___	kaufen t___fen

① Reime mit dem passenden Doppellaut. Schreibe die Reimpaare auf.
Markiere die Doppellaute.

Ein Laut – mehrere Buchstaben

I___ bin der kleine Dra___e.
Ku___en, Mil___ und ___okolade
mag i___ gern.
I___ gehe gerne in die ___ule.
Dort darf ich re___nen und ___reiben.

② Der kleine Drache hat **Sch/sch** und **ch** verschluckt.
Schreibe den Text richtig ab. Markiere **Sch/sch** und **ch**.

③ Lass dir den Text diktieren.

Einen Text schreiben

Auf dem Markt

Heute kaufen wir auf dem Markt ein.
In Kisten und Körben liegt frisches Obst.
Da gibt es Äpfel, Birnen, Trauben und Melonen.
Auch frisches Gemüse wird angeboten:
Gurken, Spinat, Kopfsalat und Paprika.

④ Übe den Text mit dem Tipp von Flipp auf Seite 104.

Wörter sind aus Bausteinen zusammengesetzt

Zusammen ist es nie langweilig

Ich hole . Ich bringe . Ich kaufe . Ich baue .

Du holst . Du bringst . Du kaufst . Du baust .

Wir malen. Wir essen. Wir schreiben. Wir fahren.

Ihr malt mit. Ihr esst mit. Ihr schreibt mit. Ihr fahrt mit.

① Schreibe die Tunwörter auf. Kennzeichne die Hauptbausteine und die Endbausteine.
Schreibe so: *ich hol[e], ihr hol[t], wir mal[en], ihr mal[t], ...*

Tunwörter in verschiedenen Formen

Grundform	bau	en	sag		helf		schlaf	
ich	bau	e	sag		helf		schlaf	
du	bau		sag		h lf		schl f	
er, sie, es	bau		sag		h lf		schl f	
wir	bau		sag		helf		schlaf	
ihr	bau		sag		helf		schlaf	
sie	bau		sag		helf		schlaf	

② Lies die Tunwörter mit den Endbausteinen vor.
Gib acht. Manchmal verändert sich der Hauptbaustein.

③ Schreibe alle Formen von mindestens zwei Tunwörtern auf.

④ Suche dir aus der Wörterliste (Seite 147 bis 149) drei Tunwörter aus.
Schreibe sie in allen Formen auf.

Richtig schreiben

Das (i) – mal kurz, mal lang (ie)

der Himmel das Bild die Pizza die Fliege sieben

die Birne der Brief

die Zwiebel die Wiese der Pinsel die Ziege die Biene vier

① Sprich die Wörter.

② Schreibe die Wörter,
in denen das (i) lang klingt, auf.

Ein lang gesprochenes (i) wird meist (ie) geschrieben.

Wichtige (ie)-Wörter

ie	dies	hier	viel	lieb	Brief	Biene
	diese	nie	sieben	lieben	Fliege	Papier
	dieser	sie	vier	spielen	Wiese	fliegen
	die	wie	wieder	er liest	Zwiebel	liegen

③ Lies und sprich die (ie)-Wörter deutlich.

④ Übe die Wörter im Partnerdiktat.
Markiere (ie).

⑤ Bilde lustige Sätze zu den Bildern.

Richtig schreiben

Einen Text üben

Eine liebe Fliege

Peter liegt auf dem Sofa.
Er liest einen Brief.
Da fliegt etwas um seinen Kopf.
Es ist eine Fliege.
Will sie mit Peter spielen?

So übt Flipp:

1. Lies einen Satz genau.
2. Decke so viele Wörter zu, wie du dir merken kannst.
3. Stelle dir die Wörter vor. Was musst du dir besonders merken?
4. Schreibe die Wörter auf und sprich dazu.
5. Kontrolliere, ob jedes Wort und jeder Buchstabe stimmen.

① Übe den Text mit dem Tipp von Flipp.

Sätze beachten

Tierrätsel

Auf der Wiese lebt ein Tier   es ist keine Fliege   es ist keine Biene
die Flügel sind rot   sieben schwarze Punkte sind darauf

② Wo ist ein Satz im Rätsel zu Ende?
Lies den Text so vor, dass man die Punkte „hört".
Zeige zu jedem Satz den Klangbogen.

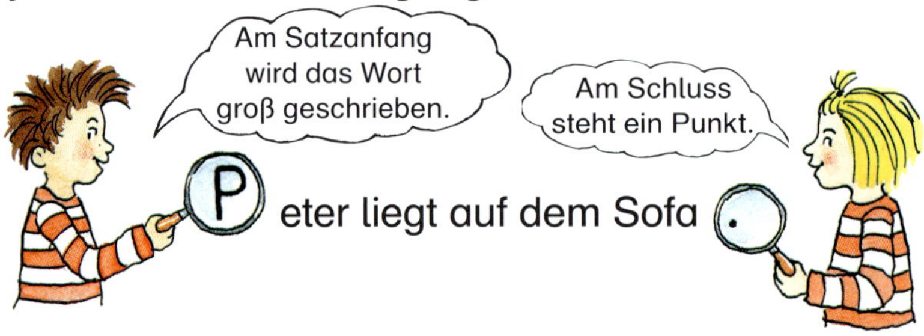

③ Schreibe den Text richtig auf.

Üben und können

Tunwörter in allen Formen

fragen: ich , du er/sie/es , wir , ihr , sie .
fliegen: ich , du er/sie/es , wir , ihr , sie .
helfen: ich , du er/sie/es , wir , ihr , sie .

① Schreibe die Tunwörter in allen Formen auf.
Kennzeichne die Haupt- und Endbausteine.

Das i – lang oder kurz?

② Sprich die Wörter. Schreibe die Wörter, in denen das i lang klingt, mit ihren Begleitern auf.

Einen Text schreiben

Ein Brief für Tim

Tim liest in seinem Buch.
Da bringt Mama einen Brief.
Oma hat geschrieben.

Lieber Tim,
morgen besuche ich dich.
Ich lade dich in den Tiergarten ein.
Deine Oma

Tim freut sich auf Oma und die Tiere.
Er jubelt, hüpft und quietscht.

③ Suche dir einen Textabschnitt aus. Übe mit dem Tipp von Flipp auf Seite 112.

④ Lass dir den Textabschnitt diktieren.

Wörter haben Silben

Der kleine grüne Wassermann
hat ganz gelbe Hosen an,
hat ganz grüne Füße
und schickt dir
feuchte Grüße.

① Sprich den Vers und klatsche dazu.

Wörter kann man in Silben zerlegen.

Übungsfutter

② Trenne die Wörter in Silben. Markiere in jeder Silbe den Selbstlaut.
Schreibe so: *Schule*, ...

❸ Suche mindestens zehn Wörter aus der Wörterliste (Seite 147 bis 149).
Schreibe wie bei ②.
Achtung bei: Som – mer, Fül – ler, …

④ Wenn du die Silben anders zusammensetzt, gibt es neue Tiere.
Erfinde mindestens zehn Tiere und schreibe so: *ein Kadel, eine Euche, ...*
Du kannst auch einige der Tiere malen.

Fehler unter der Lupe

Tobias Malt im Heft. (m) ⟶ Suche zwei Beweise für das Tunwort **malt**.

Ute malt an der tafel (T) ⟶ Suche zwei Beweise für das Namenwort **Tafel**.

die Kinder turnen (D) ⟶ Denke an die Regel: Am Satzanfang ... Schreibe den Satz noch einmal.

Lisa rechet im Heft (n) ⟶ Sprich deutlich und schreibe das Wort noch einmal.

① Schreibe diese vier Sätze richtig auf.

Lernwörter

Lernwörter sind Wörter, die du lernen willst oder Wörter, die du falsch geschrieben hast.

② Schreibe mindestens fünf Lernwörter auf.

③ Lass dir deine Lernwörter diktieren.
⟶ Richtig geschrieben? Dann bekommt das Wort einen ✳.
⟶ Noch nicht sicher? Dann bekommt das Wort einen ○.

④ Lass dir diese Lernwörter jeden Tag einmal diktieren. Wenn ein Wort drei Sterne hintereinander hat, kannst du es sicher schreiben. Hake es ab.

Einen Text abschreiben – Wörter mit Qu/qu

① In diesem Text findest du Ausrufe.
Schreibe die Ausrufe mit den richtigen Satzzeichen auf.

② Im Text stehen vier Wiewörter.
Schreibe jedes Wiewort auf und suche zwei Beweise dazu.

③ Übe den Text mit dem Tipp von Flipp auf Seite 112.

 adrat

 aken

 alm

 atschen

 ark

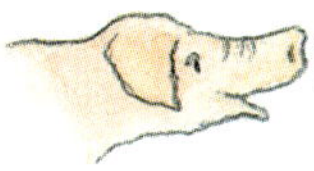 ieken

Ich klinge (kw).
Ich heiße (ku).
Schreib mich doch
mit (Q) und (u).
Dein (Qu/qu)

④ Schreibe die Wörter mit Qu/qu auf und markiere Qu/qu.

⑤ Suche fünf weitere Wörter mit Qu/qu.

Üben und können

Wörter mit Qu/qu

Frösche	schmeckt
Türen	__ieken
__ark	stinkt
Ferkel	__aken
__alm	__ietschen

① Was passt zusammen? Schreibe und setze Qu/qu richtig ein.
Denk daran: Namenwörter schreibt man groß.

Sätze und Ausrufe

Guten Morgen Mama weckt Lea Raus aus dem Bett
Lea ist noch ganz müde Jetzt aber schnell Es ist schon
recht spät Meine Schulmappe Schnell Lea saust aus
der Tür Ade, Mama Viel Spaß, Lea

② Hier sind Sätze und Ausrufe. Schreibe sie ab und setze nach jedem Satz einen Punkt, nach jedem Ausruf ein Ausrufezeichen.

Sätze erkennen

Am Morgen

Mimi legt sich auf das Sofa sie möchte schlafen da wird es im Haus laut Julia sucht ihren Turnbeutel Quirin schaltet das Radio ein in der Küche schneidet Mama Brot Mimi macht die Augen zu jeden Morgen der gleiche Radau

③ Schreibe den Text ab. Setze nach jedem Satz einen Punkt.
Denk daran: Satzanfänge schreiben wir groß.

④ Lass dir den Text diktieren. Falsch geschriebene Wörter übst du mit dem „Lernwort – Sternwort“ Tipp (Seite 115).

Richtig schreiben

Merkwörter mit V/v

Vögel im Winter

Es schneit schon viele Tage.
Alles ist voller Schnee.
Wir haben ein Vogelhaus im Garten.

Jeden Tag geben wir Körner in das Haus.
Ob die Vögel wohl Hunger haben?

① Schreibe die Wörter mit V/v ab. Markiere V/v farbig.

② Schreibe jeden Tag einen Satz der Geschichte ab.
Markiere die V/v-Wörter.

③ Lass dir die geübten Sätze von einem Partner diktieren.

Es gibt nur wenige V/v-Wörter. Du musst sie dir merken.

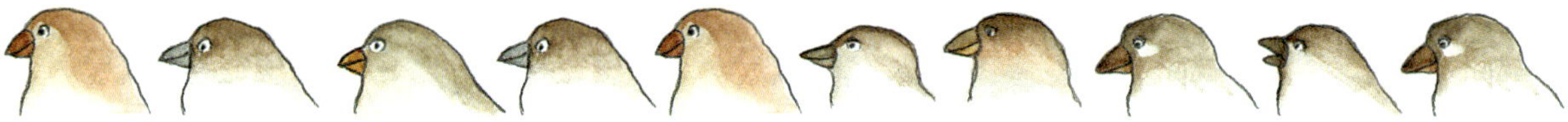

von vor voran vom brav Vater viel vier Vogel voll

So kannst du Merkwörter üben:

Die Wörter oft in verschiedenen Schriften und mit verschiedenen Farben schreiben.

Ein Merkplakat gestalten.

Auf Kärtchen schreiben und sortieren.

④ Übe die Wörter mit V/v.

Merkwörter mit V/v V/v

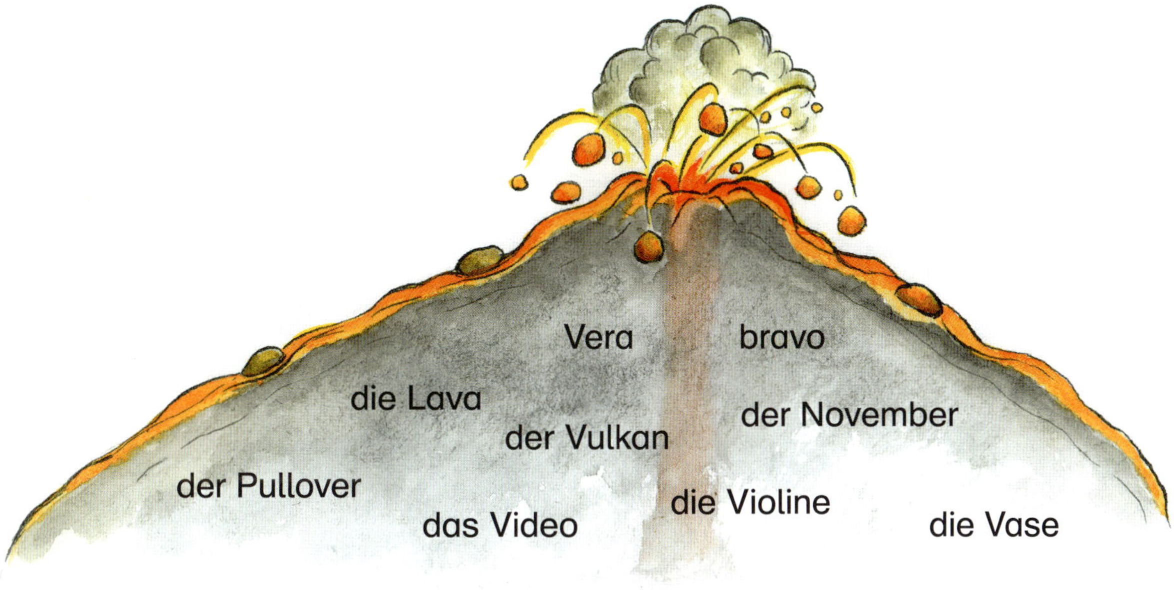

In wenigen Wörtern wird V/v wie W/w gesprochen.
Du musst sie dir merken.

① Sprich die Wörter deutlich. Schreibe sie ab! Markiere V/v farbig.

Ein Vulkan …	… ist der elfte Monat im Jahr.
Eine Violine …	… ist eine Geige.
November …	… ist ein Berg, der Feuer spuckt.
Ein Pullover …	… ist ein Kleidungsstück.
Eine Vase …	… ist ein Name für ein Mädchen.
Vera …	… ist ein Gefäß für Blumen.

② Schreibe auf, was zusammenpasst. Markiere V/v farbig.

③ Übe die Wörter mit dem Merkwort-Tipp (Seite 118).

Wortbausteine für den Wortanfang

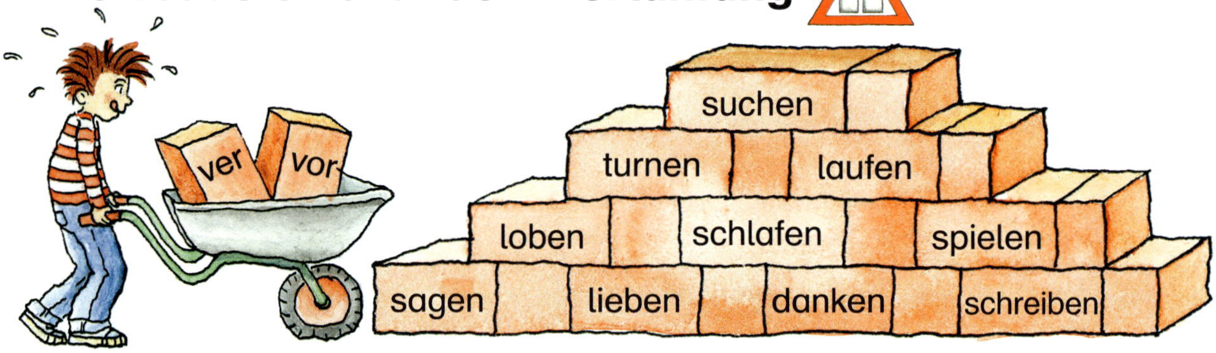

① An diese Tunwörter kannst du die Anfangsbausteine ver- oder vor- anbauen. Probiere aus: versuchen, …

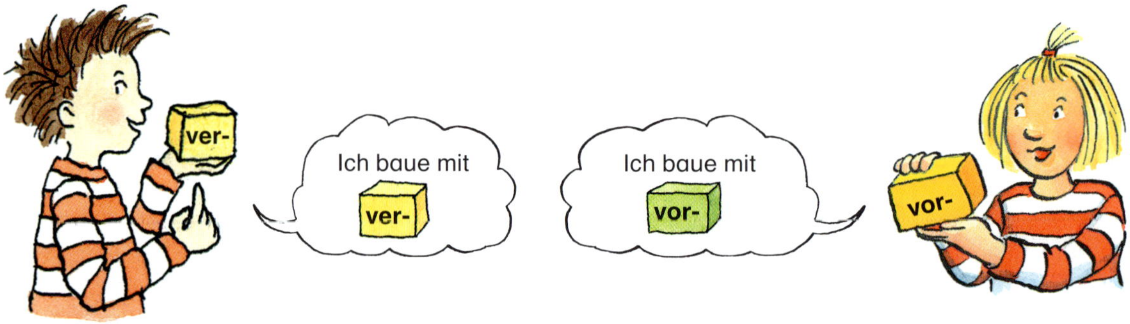

> Die Anfangsbausteine (Vorsilben) Ver- / ver- und Vor- / vor- schreibt man immer mit V/v.

② Schreibe die Tunwörter mit den passenden Anfangsbausteinen auf. Markiere die Anfangsbausteine farbig.

Noch mehr Bausteine für den Wortanfang

rufen

malen

schlafen

kaufen

③ Schreibe die Tunwörter mit ihren Anfangsbausteinen auf. Kennzeichne die Anfangs-, Haupt- und Endbausteine.

❹ Bilde sinnvolle Tunwörter mit den Anfangsbausteinen ab- und aus-.

Üben und können

Merkwörter mit (V/v)

① Schreibe für jedes Bild das passende Wort auf.

Ein Regentropfen fällt Himmel.
Ich stehe dir.
Auf der Wiese wachsen Blumen.
Ich freue mich über das Geschenk Oma.

viele	vom	vor	von

② Ergänze die fehlenden Wörter. Schreibe die Sätze ab.

Anfangsbausteine ver- und vor-

ver-
vor-

tanzen	sinken	lesen	singen	bieten	kleiden

③ Schreibe sinnvolle Tunwörter mit den Anfangsbausteinen **ver-** und **vor-** auf. Markiere die Anfangsbausteine.

Einen Text schreiben

Im Advent

Es schneit ganz leise,
leise,
leis.
Nach und nach
wird alles weiß.
Bald gibt es keine Wege mehr.
Das Land, das bunt war,
wird weiß
und wie leer.

④ Übe den Text mit dem Tipp von Flipp auf (Seite 112).

Richtig schreiben

Wörter mit St/st und Sp/sp

St/st Sp/sp

Stein

Stift

Spiel

Spinne

① Sprich langsam und deutlich. Lies mit. Was fällt dir auf?

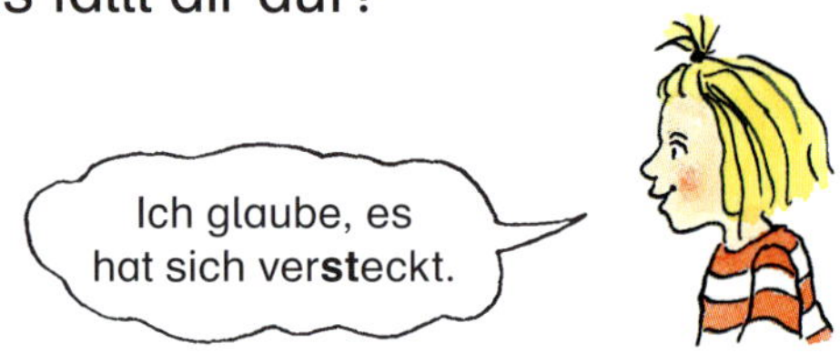

Wenn ich **scht** höre, schreibe ich **St/st**.
Wenn ich **schp** höre, schreibe ich **Sp/sp**.

② Schreibe die Namenwörter auf. Markiere **Sp**/**St**.
Schreibe so: *der Storch, ...*

Wir  ehen auf.
Wir  ellen uns an.

Wir  aren Geld.
Wir  ielen Ball.

③ Schreibe die Sätze auf. Markiere **sp**/**st**.
Gib acht, in den Sätzen stehen Tunwörter.

Wortbaustelle für Namenwörter: -el, -en, -er

T  G  L  W 

G  E  R  F  W 

① Diese Wörter haben am Wortende die Bausteine **-el**, **-en**, **-er**. Ordne sie.
Schreibe und markiere die Endbausteine: -er ⟶ *Leiter, …*

Übungswörter:

Flüg  Neb  Zwieb  Vat 

Vog  Fing  Onk  Käf 

Amp  Mutt  Bod 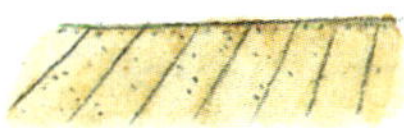 Fad 

② Sprich deutlich.
Schreibe so: -el : *Flügel, …*
-en : …
-er : …

Einen Text üben

Mein Stein

Im Garten liegt ein Stein.
Es ist mein Stein.
Regen fällt auf den Stein.
Die Sonne wärmt den Stein.
Ein Wurm lebt unter dem Stein.
Oft fliegt ein Vogel her.
Alles das sagt mir mein Stein.
Ich höre gerne zu.

① Lies den Text einem Mitschüler deutlich vor.

Hörst du das (r)?

Garten — wärmt — gerne

In manchen Wörtern hört man das (r) nur, wenn man deutlich spricht.

Birne	Wurzel	Körper	Ohr	Pferd	Wort	Uhr	Tor	warm	Herbst
vier	Turm	Würfel	schwarz	purzeln	lernen	Papier	Sport		

② Übe diese Wörter mit dem Tipp von Flipp (Seite 104).

Nachdenkwörter – (ä) kommt von (a), (äu) kommt von (au)

Er wäscht.

Sie trägt.

Es schläft.

Er läuft.

Er hält.
Sie schlägt.
Er gräbt.
Sie fährt.
Er fällt.
Sie fängt.
Er träumt.

③ Schreibe so: *Er wäscht. ⟶ waschen*
Sie trägt. ⟶

④ Übe den Text „Mein Stein“ mit dem Tipp von Flipp (Seite 112).

Richtig schreiben

Üben und können

Wörter mit (St/st) und (Sp/sp)

Namenwörter:

der …orch · der …ort · das …arschwein · der …ängel · der …ift · die …unde · der …iel · der …ein · das …iel · die …agetti · der …itzer · die …inne · die …irn

Tunwörter:

…ehen · …aren · …ellen · …ielen · …ucken · …aunen · …eigen

① Welche Wörter entstehen, wenn du (St/st) oder (Sp/sp) einsetzt?
Schreibe die Namenwörter mit Begleiter: *der Storch, …*
Schreibe die Tunwörter in der wir-Form: *wir stehen, …*

Wörter mit -el, -er, -en

Vog… Bib… Es… Schauk… Käf… Wurz… Roll…
Lehr… Wag… Amp… Gart… Himm… Brunn… Ig…

② Schreibe die Wörter mit dem richtigen Endbaustein auf.
Schreibe so: *der Vogel, …*

Wörter mit (ä) und (e)?

er w…scht sie schl…gt er tr…gt sie d…nkt er schl…ft er f…llt
er st…llt sie f…ngt er f…hrt sie tr…mt er h…lt sie l…ft

③ Bilde zu jedem Wort die Grundform. Schreibe so: *waschen – er wäscht, …*

Einen Text schreiben

Fast ein Indianer

Leo steht sehr früh auf.
Er wäscht sich mit kaltem Wasser.
Dann läuft er zur Schule.
In der Pause isst er eine Birne.
Mit Sport hält er sich fit.
Den Fernseher stellt er nicht an.
Um acht Uhr schläft er schon.
Er träumt von Pferden und Zelten.

④ Übe den ganzen Text oder einen ersten Textabschnitt mit dem Tipp von Flipp (Seite 112).

⑤ Kennzeichne die Wörter mit (ä) und (äu). Schreibe sie in der Grundform auf.

Richtig schreiben

Das PeKaTe – hart gesprochene Mitlaute

Das **PeKaTe**, das **PeKaTe**,
das ist ein tückisch Tier:
Es pickt und kratzt,
es hackt und tatzt,
es schnappt nach dir und mir.
Es pickt das **P/p** fort,
es kratzt das **K/k** fort,
es tatzt das **T/t** davon,
und du stehst da
und bist ganz traurig.
Heißt im statt Tim
und om statt Tom.

① Welche Kinder in deiner Klasse müssen sich vor dem **PeKaTe** in Acht nehmen? Schreibe die Namen auf.

So erkennst du **PeKaTe**-Wörter:
Halte ein Blatt Papier vor deinen Mund und sprich deutlich.

In **PeKaTe**-Wörtern klingen die harten Mitlaute **p**, **k**, **t**.

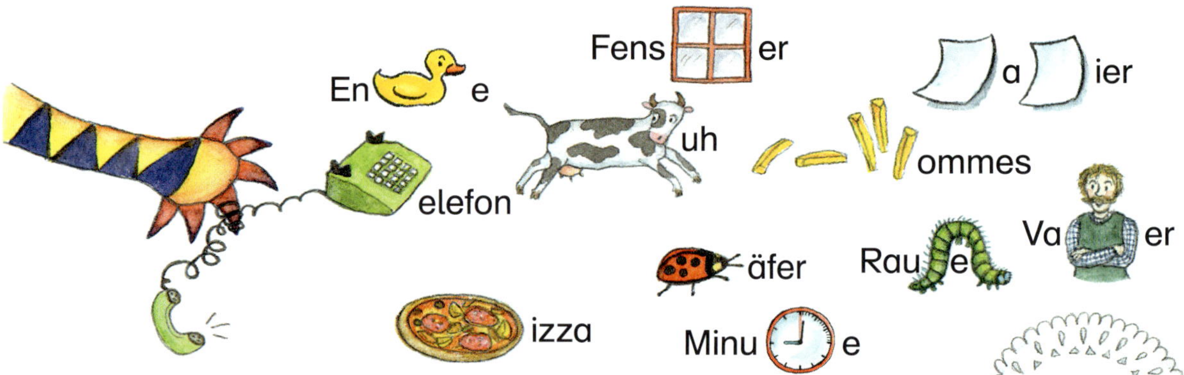

② Sprich die Wörter deutlich mit dem Tipp von Flipp.

③ Schreibe sie auf. Markiere **P/p**, **K/k** und **T/t** farbig.

④ Suche „Futter" für das **PeKaTe** in der Wörterliste (Seite 146–149). Gestalte eine Speisekarte.

Das BeGeDe – weich gesprochene Mitlaute

Das **B**e**G**e**D**e,
so weich und gut,
bewegt sich langsam fort,
schläft gern,
ist brav und ausgeruht
und gähnt bei manchem Wort.
Es gähnt bei **G/g**
und gähnt bei **D/d**
und geht bei **B/b** ins Bett.
Und heißt du Gerdi oder Ben,
so findet es dich nett.

① Welche Kinder aus deiner Klasse mag das **B**e**G**e**D**e?
Schreibe die Namen auf.

Tipp von Flipp!

So erkennst du **B**e**G**e**D**e-Wörter:
Halte ein Blatt Papier vor deinen Mund und sprich deutlich.

> In **B**e**G**e**D**e-Wörtern klingen die weichen Mitlaute **b**, **g**, **d**.

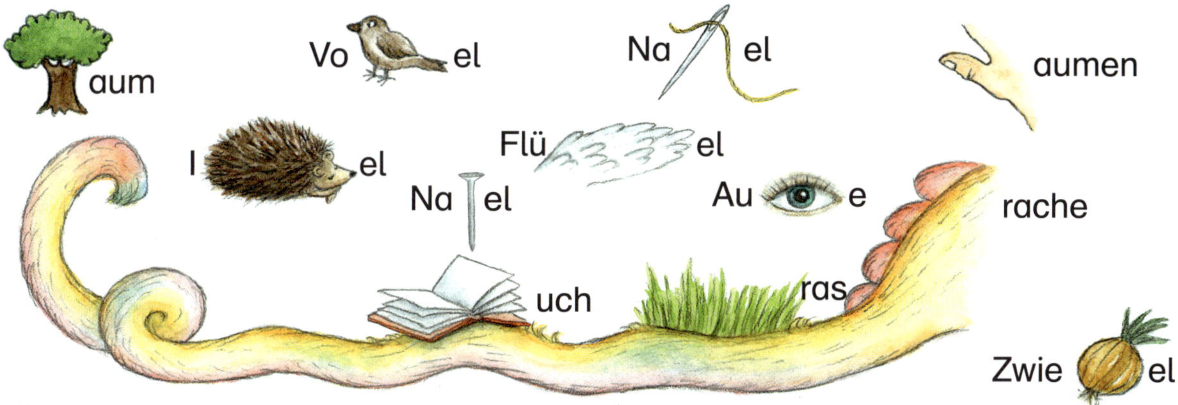

② Sprich die Wörter deutlich mit dem Tipp von Flipp.

③ Schreibe sie auf. Markiere **B/b**, **D/d** und **G/g** farbig.

❹ Finde Wörter, die das **B**e**G**e**D**e mag! Verwende die Wörterliste
(Seite 146 –149).

Richtig schreiben

Hart oder weich gesprochene Mitlaute?

D/d oder T/t?

① Sprich die Wörter deutlich und überprüfe mit dem Tipp von Flipp (Seiten 126/127).

② Schreibe die Wörter so: *D/d: das Dach, ...* *T/t: das Telefon, ...*

G/g oder K/k?

③ Sprich die Wörter deutlich und überprüfe mit dem Tipp von Flipp (Seiten 126/127).

④ Schreibe die Wörter so: *G/g: das Gras, ...* *K/k: der Käfer, ...*

B/b oder P/p?

⑤ Sprich die Wörter deutlich und überprüfe mit dem Tipp von Flipp (Seiten 126/127).

⑥ Schreibe die Wörter so: *B/b: der Baum, ...* *P/p: die Puppe, ...*

Üben und können

Mitlaute – hart oder weich gesprochen?

D/d oder T/t?

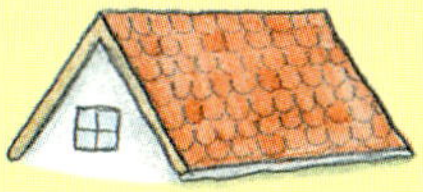

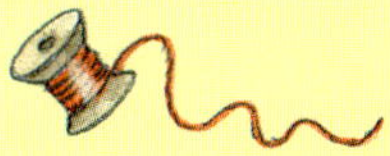

① Schreibe die Wörter auf.

G/g oder K/k?

② Schreibe die Wörter auf.

B/b oder P/p?

③ Schreibe die Wörter auf.

Hart oder weich gesprochene Mitlaute

_aul holt _a_ier.
Die _erze _rennt.
Der Re_en _ropft.

Das _elefon _lingelt.
Das Au_o hält an der Am_el.
Der _äfer _rabbelt.

④ Schreibe die Sätze richtig auf.

Einen Text schreiben

Im Tierheim

Da leben viele Tiere unter einem Dach: Hunde, Katzen und sogar ein Papagei. Heute kommt eine Schulklasse zu Besuch. Die Kinder haben viele Fragen. Die Lehrerin erklärt wichtige Regeln für den Umgang mit Tieren.

⑤ Schreibe den Text ab. Markiere die hart gesprochenen Mitlaute rot, die weich gesprochenen blau.

⑥ Lass dir den Text diktieren.

ng klingt wie ein Laut

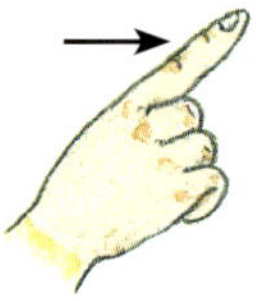

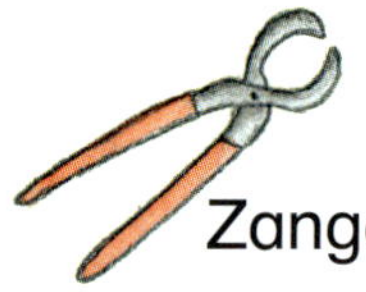

① Schreibe die Wörter ab. Markiere (ng) farbig.

singen kl___ br___ zw___	Ding R___	Schlange Z___ W___	Zunge J___

② Ergänze die passenden Reimwörter.

Was nicht weit ist, das ist ___.
Wer nicht alt ist, der ist ___.
Was nicht kurz ist, das ist ___.
Nach dem Winter kommt der ___.
Wer nicht satt ist, der hat ___.

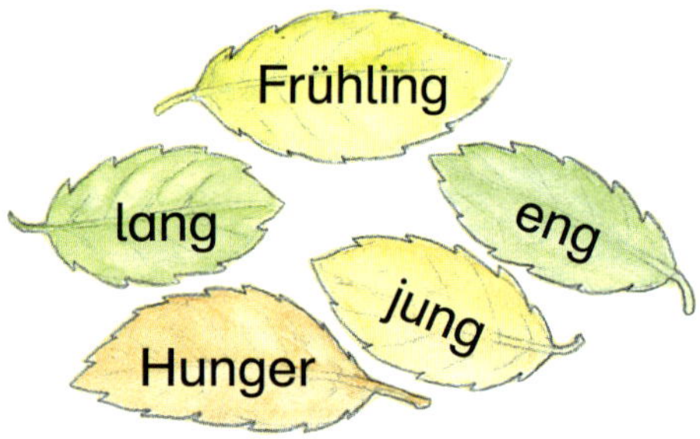

③ Rate. Schreibe die Sätze auf. Markiere (ng).

④ Erfinde lustige Reime mit den (ng)-Wörtern.

⑤ Schreibe Wörter mit (ng) aus der Wörterliste (Seite 147–149) auf.

Richtig schreiben

Nachdenkwörter – betonte Selbstlaute – •

a • e • i • o • u • A • E • I • O • U • a • e • i • o • u

Ast	Nebel	Sonne	Tiger	Igel	Buch	Mutter	Brot
Teller	Bett	Hase	Birne	Regen	Wurzel	Kopf	Fuß
Monat	Wagen	Heft	Blatt	Dino	Hose	Zimmer	
Weg	Himmel	Tag	Rock	Blume	Puppe	Mann	

① Sprich die Wörter. Achte auf den betonten Selbstlaut.
Schreibe so: *A,a: Ast, Hase, ...*

Betonte Selbstlaute können lang oder kurz klingen

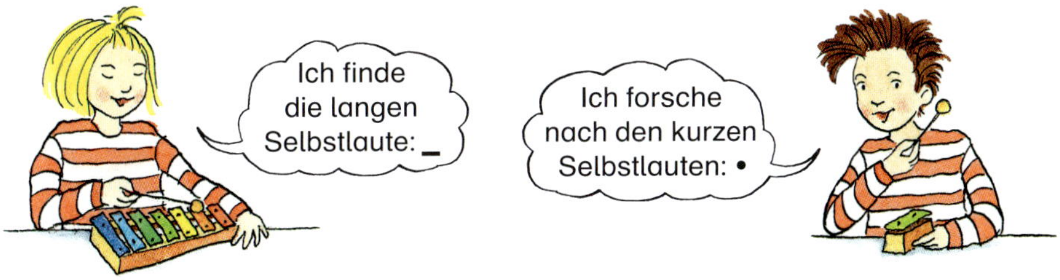

 die Hand	 der Hase	 das Wasser	 die Kasse	 die Gabel	 der Wagen

② Sprich die Wörter! ạ oder a̲? Schreibe auf und kennzeichne.
Schreibe so: *Hạnd, Ha̲se, ...*

 der Regen	 der Esel	 das Messer	 das Heft	 der Meter	 das Bett

③ Sprich die Wörter. ẹ oder e̲? Schreibe auf und kennzeichne.

Nachdenkwörter – betonte Selbstlaute: lang oder kurz? – •

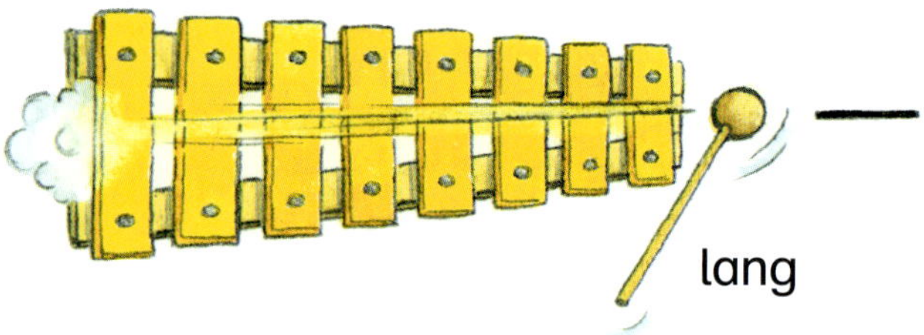

lang

kurz

der Igel

das Kind

der Tiger

das Zimmer

der Himmel

der Biber

① Sprich die Wörter. ị oder i̲? Schreibe auf und kennzeichne.

der Stoff

das Wort

der Vogel

das Brot

die Sonne

die Hose

② Sprich die Wörter. ọ oder o̲? Schreibe auf und kennzeichne.

die Puppe

die Nuss

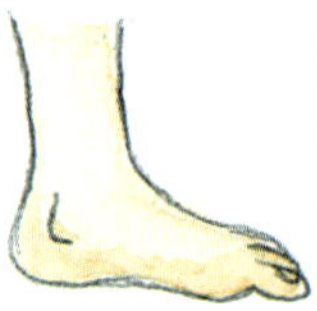

der Fuß

der Hut

die Luft

die Blume

③ Sprich die Wörter. ụ oder u̲? Schreibe auf und kennzeichne.

Richtig schreiben

Üben und können

Lang (–) oder kurz (•)?

Lupe	Hose	Schere	Wasser	Igel
Kind	Wagen	Puppe	Heft	Sonne

① Schreibe die Wörter ab.
Kennzeichne den betonten Selbstlaut.

Wörter mit (ng)

② Schreibe die Wörter auf. Markiere (**ng**).

Einen Text schreiben

Maria kommt aus Ungarn.
Sie ist noch nicht lange in der Klasse. Viele Dinge sind neu für Maria.
Antonio und Lisa helfen ihr.
Sie reden, lachen und singen mit Maria.
In der Pause spielen sie zusammen.
Maria bringt den Kindern ein ungarisches Lied bei.
Die Wörter klingen fremd.

③ Übe den Text mit dem Tipp von Flipp (Seite 112).

④ Unterstreiche die Wörter mit (**ng**).

⑤ Lass dir den Text diktieren.

Richtig schreiben

Aus zwei Namenwörtern wird ein neues Wort

Zusammengesetzte Wörter haben eine „Naht“. Gib acht an der Nahtstelle: Kein Buchstabe darf verloren gehen!

Zusammensetz-Aufgaben

Apfel Tasche Wasser Finger Buch Regen Fuß Bogen

Baum

Bürste

Hand Haus Baum Bilder Ball Hut Zahn Ball

① Bilde zusammengesetzte Namenwörter. Die Zeichnungen helfen dir dabei.
Schreibe so: *die Hand, die Tasche – die Handtasche, ...*

> **Das Baumhaus, mein Traumhaus**
>
> Hinten im Obstgarten haben Lea und Leo ein Baumhaus.
> Dort spielen sie auch bei Regenwetter.
> Oft lesen sie Tiergeschichten oder schauen Bilderbücher an.
> In den Sommerferien dürfen sie in ihrem Baumhaus schlafen.

② Suche im Text zusammengesetzte Namenwörter.
Schreibe so: *das Baumhaus = der Baum + das Haus, ...*

③ Schreibe den Text mit dem Tipp von Flipp auf Seite 112.
Unterstreiche die zusammengesetzten Namenwörter.

Wörter mit besonderen Nahtstellen

④ Setze zusammen. Achte auf das ⓝ: *Sonne + Blume = Sonnenblume, ...*

Es gibt nur wenige Wörter mit ih ih

① Schreibe die Sätze ab. Markiere ih farbig.

ihnen ihn ihr ihm

ihre

ihren

② Übe die Wörter mit dem Merkwort-Tipp (Seite 118).

Vorsicht, Falle!

Karl ist ___ Haus. Ich gebe ___ ein Zeichen.	im oder ihm
Gerd ist ___ Hamburg. Ich schreibe einen Brief an ___.	in oder ihn

③ Setze die richtigen Wörter ein. Sprich, höre und lies ganz genau.
Klingt das i kurz oder lang?

Richtig schreiben

Ein Buchstabe, den man nicht hört

ah, eh
oh, uh

Nach einem langen Selbstlaut oder Umlaut steht manchmal ein (h).

① Diese Wörter musst du dir merken. Übe so:

1 Schreibe das Wort auf. Markiere den langen Selbstlaut oder Umlaut mit (h) farbig.	2 Schreibe das Wort ab und kontrolliere.	3 Lass dir das Wort diktieren.	4 Richtig: Sternwort Falsch: Lernwort

② Übe die Wörter mit dem Merkwort-Tipp (Seite 118).

Üben und können

Zusammengesetzte Namenwörter

Hand – Tasche, Ball, Tuch

Obst, Nadel, Mai – Baum

Schreibe so: *die Hand, die Tasche – die Handtasche, ...*

① Setze die Namenwörter zusammen. Gib acht an der Nahtstelle.

Achtung, hier musst du an der Nahtstelle einen Buchstaben einfügen!

② Schreibe die Wörter auf. Markiere den eingefügten Buchstaben.
Schreibe so: *die Biene, der Korb – der Bienenkorb, ...*

Wörter mit h

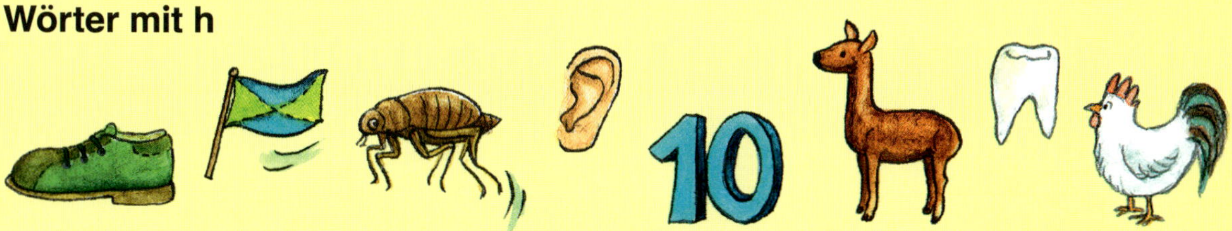

③ Schreibe diese Wörter auf. Markiere ah, eh, oh, uh.

Einen Text schreiben

Nach der Schule

Wenn Lena aus der Schule kommt, wartet ihr kleiner Bruder schon auf sie. Er will wissen, was die Lehrerin alles gesagt hat. Sie erzählt ihm, was sie heute gelernt hat und singt ihm neue Lieder vor. Dann macht sie ihre Hausaufgaben. Ihr Bruder schaut genau zu, wie sie die Zahlen schreibt.

④ Schreibe den Text ab. Markiere ih, eh, ah, äh.

⑤ Übe ihn mit dem Tipp von Flipp (Seite 112). Lass dir den Text diktieren.

Richtig schreiben

Nachdenkwörter – Deutlich sprechen reicht hier nicht!

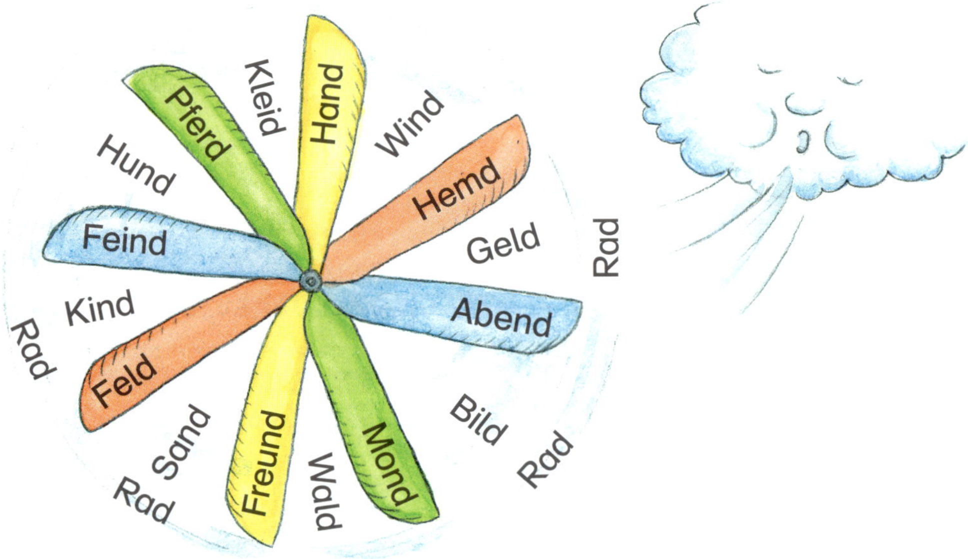

Am Ende dieser Wörter hörst du (t), du schreibst aber (d).

Verlängere das Wort. Setze dazu die Namenwörter in die Mehrzahl, dann kannst du das (d) hören.

① Setze die Wörter aus dem Windrad in die Mehrzahl. Hörst du das (d)?
Schreibe so: *die Pferde ⟶ das Pferd, die Hände ⟶ ...*

Auch hier hilft Verlängern

gesund **fremd** **gelb** **rund** **lieb**

② Schreibe so: *Das gesun_e Frühstück. Das Frühstück ist gesund.*
Ein frem_es Gesicht. Das Gesicht ist fremd.
Eine gel_e Sonne ...
Ein run_er Ball ...
Ein lie_es Wort ...

Was mache ich bloß mit (Sand)?

Nachdenkwörter – Deutlich sprechen reicht nicht immer! GF

Im Garten

Tina le_t sich ins Gras.
Sonja gi_t den Blumen Wasser.
Peter grä_t die Erde um.
Ein Schmetterling flie_t durch die Luft.
Sogar ein Igel le_t in unserem Garten.

> Beim Tunwort sagt dir die Grundform, wie du richtig schreiben musst.

① Übe mit allen Tunwörtern aus dem Text.
Schreibe so: *legen – legt*
geben – gibt

sagen	schreiben	geben	fliegen	legen
w…	tr…	schw…	s…	pfl…
schl…	bl…	l…	l…	

② Schreibe die Reimwörter auf.

③ Schreibe so: *sagen – er sagt*
wagen – er …

④ Übe den Text „Im Garten“ mit dem Tipp von Flipp (Seite 112).

Richtig schreiben

Nachschlagen im Wörterbuch

Im Wörterbuch sind die Wörter nach dem Abc geordnet

Damit du dich im Wörterbuch schnell zurechtfindest, musst du das Abc sicher beherrschen.

Aufgaben zum Abc

① Welcher Buchstabe steht vor: C, F, J, R, T, V?
Schreibe so: *B – C, ...*

② Welcher Buchstabe steht nach: E, I, K, P, S, W, Y?
Schreibe so: *E – F, ...*

③ Zwischen welchen Buchstaben stehen: B, E, H, S, O, L, W?
Schreibe so: *A – B – C, ...*

④ Welches Wort steht im Wörterbuch zuerst:
Kalender oder **F**lügel? **H**aus oder **R**ücken? **J**unge oder **I**gel?
Achte auf den ersten Buchstaben.

⑤ Ordne diese Wörter nach ihrer Reihenfolge im Abc.

Mai – Kleid – Gemüse | Pferd – Hose – Ente | Wind – Schule – zwei

Ein lustiges Abc-Spiel
Magdalena sagt in Gedanken das Abc auf. Antonia ruft: „Halt!"
Magdalena ist beim Ⓚ angekommen. Sie nennt den Buchstaben laut.
Jeder sucht für die verschiedenen Spalten Wörter mit Ⓚ
und schreibt sie auf.
Wer alle Wörter gefunden hat, darf „Stopp" rufen.
Jetzt werden die Wörter vorgelesen.

Vorname	Tier	Pflanze	Ding
Katharina	*Katze*	*Kastanie*	*Klavier*

⑥ Spielt in der Klasse, in der Gruppe oder zu zweit.

Richtig schreiben

Der zweite Buchstabe ist wichtig

Wenn die ersten Buchstaben gleich sind,
ordnest du nach dem zweiten Buchstaben.

Zahl
Zimmer
Zucker

① Ordne die Wörter nach dem zweiten Buchstaben nach dem Abc.
Schreibe so: *T: Temperatur, …*

Viele Wörter ordnen

Affe	Aal	Ananas	Ampel
Abend	Auto	Arm	Adler
Album	Aquarium	Achim	Atlas

② Schreibe jedes Wort auf einen Zettel.
Ordne die Wörter nach dem zweiten Buchstaben.
Schreibe sie geordnet in dein Heft.

③ Ordnet die Vornamen der Kinder in eurer
Klasse nach dem Abc.

Üben und können

Wörter verlängern: ⓓ oder ⓣ ?

① Schreibe die Wörter richtig auf. Überprüfe durch Verlängern.

Grundform suchen

Der Vogel flie t auf den Baum.

Anja ü t ein Gedicht.

Papa schrei t einen Brief.

② Schreibe die Sätze richtig ab.

Nach dem Abc ordnen

 Ente,  Biene, Hase , Schmetterling , Pferd,  Wal, Libelle,  Raupe,  Maus, Katze , Wolf, Affe, Dachs,  Igel, Gans, Qualle , Vogel

③ Schreibe die Tiere nach dem Abc geordnet auf.

Nachschlagen

④ Beantworte die Fragen. Schau in der Wörterliste (Seite 147–149) nach und schreibe das gesuchte Wort auf.

a) Welches Tier lebt am Wasser und steht bei E?
b) Was hat jedes Haus mit F?
c) Was ist gesund und lecker mit G?
d) Wen gibt es nur im Märchen mit H?
e) Wie heißt der Körperteil mit M?
f) Was kannst du trinken mit S?
g) Was gibt es oft im Herbst mit N?
h) Was hat jeder Baum mit W?

So übst du mit der Wörterliste

Arbeite immer mit dem Abschreib-Tipp von Flipp.

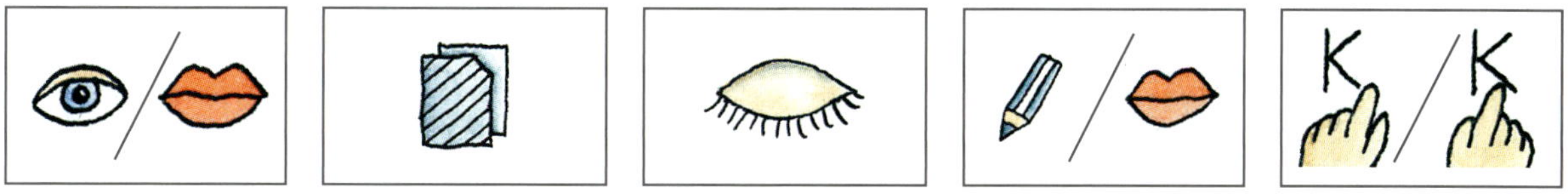

Schreibe Namenwörter immer mit ihrem Begleiter auf. Markiere die Lupenstellen.

Wörter zum Mitsprechen

① Suche zehn Wörter aus der Wörterliste aus, die man genauso schreibt, wie man sie spricht.

die Raupe, schauen, ...

Wörter zum Nachdenken

② Schreibe fünf Wörter mit (St/st) am Wortanfang auf.

St/st

die Stirn, ...

③ Schreibe vier Wörter mit (Sp/sp) am Wortanfang auf.

Sp/sp

spielen, ...

④ Suche zehn Wörter mit (ie). Sprich das lange (i) deutlich. Schreibe die Wörter auf.

ie

die Biene, ...

⑤ Suche fünf Wörter, die man trennen kann. Schreibe sie auf und trenne sie. Markiere die Selbstlaute, Umlaute und Doppellaute.

bleiben, blei – ben

⑥ Suche fünf Wörter mit kurzem Selbstlaut und doppeltem Mitlaut (auch (ck)/(tz)). Schreibe sie auf, kennzeichne den kurzen Selbstlaut und trenne sie, wenn es möglich ist.

kommen, kom – men

⑦ Suche fünf Wörter mit (d) am Wortende und verlängere sie.

das Hemd →

die Hemden

⑧ Setze fünf Namenwörter mit (a) oder (au) in die Mehrzahl. Kennzeichne, wenn sich (a) in (ä) oder (au) in (äu) verwandelt.

ä → a
äu → au

der Apfel → die Äpfel

⑨ Setze fünf Tunwörter mit (a) oder (au) in die er-Form. Kennzeichne, wenn sich (a) in (ä) oder (au) in (äu) verwandelt.

schlafen → er schläft

Wortbausteine

(10) Suche Wörter zu den Vorsilben:

be-	ge-	Ge-	ver-	Ver-	zu-

bewegen, ...

(11) Welche Tunwörter kann man mit den Anfangsbausteinen

ab-	vor-	ver-	aus-

verbinden?

sagen → absagen

(12) Suche Wörter mit den Endbausteinen:

-er	-el	-ing

Apfel, ...

Wörter, die du dir merken musst

(13) Schreibe alle Wörter mit (V/v) auf.

Vogel, ...

(14) Sammle und ordne Wörter mit (ah), (eh), (oh) und (uh).

fahren, ...

(15) Sammle die Wörter mit (ih).

ihn, ...

(16) Schreibe alle Wörter mit C am Wortanfang auf.

Cent, ...

(17) Schreibe alle Wörter mit (ß) auf.

Fuß, ...

(18) Schreibe alle Fremdwörter auf.

Baby, ...

Wortarten

(19) Schreibe fünf Namenwörter mit ihren Begleitern auf. Setze sie auch in die Mehrzahl.

das Auto, die Autos

(20) Schreibe fünf Tunwörter in der Grundform auf. Setze sie in die du-Form und in die er-Form.

baden, du badest,

er badet

(21) Schreibe fünf Wiewörter auf. Setze sie zu einem passenden Namenwort. Suche das Gegenteil.

alt, das alte Auto,

jung, ...

(22) Lasse dir zehn Wörter von S. 146 diktieren.

ab, bin, ...

Wörter sammeln

(23) Alle Wochentage:

Montag, …

(29) Wörter zur Zeit:

Jahr, …

(24) Alle Monate:

Januar, …

(30) Farben:

rot, …

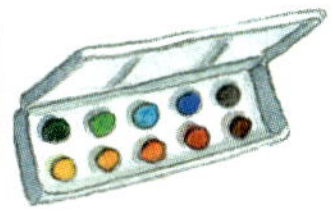

(25) Die Jahreszeiten:

Sommer, …

(31) Zahlen:

eins, …

(26) Körperteile:

Arm, …

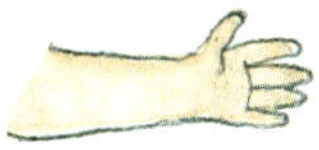

(32) Besonders lange Wörter:

Schmetterling, …

(27) Menschen:

Bruder, …

(33) Komische Wörter:

Baby, …

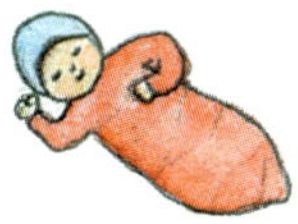

(28) Tiere:

Katze, …

(34) Lieblingswörter:

Pizza, …

Wörterlisten

Häufig gebrauchte Wörter

A
ab
aber
als
also
am
an
auf
aus

B
bei
ich bin
bis
du bist

D
da
dann
das
dass
dein, deine, deiner
dem
den
denn
der
des
dich
die
dies, diese, dieser
dir
doch
du
durch

E
ein, eine, einer
er
es
euch
euer, eure

F
für

G
ganz, ganze, ganzer

H
her
hier
hin
hinter

I
ich
ihm
ihn, ihnen
ihr, ihre
im
immer
in
ins
er, sie, es ist

J
ja
jede, jeder, jedes

K
kein, keine, keiner

M
man
mein, meine, meiner
mich
mir
mit

N
nach
nein
nicht
nichts
nie
nun
nur

O
ob
oder
oft

S
schon
sehr
sein, seine, seiner
seit
sich
sie
wir, sie sind
so

U
über
um
und
uns, unsere, unser
unten, unter

V
viel
vom
von
vor

W
wann
warum
was
weil
weiter
welche, welcher
wem
wen
wenig
wenn
wer
wie
wieder
wir
wo

Z
zu
zum
zur
zusammen

Grundwortschatz für die Jahrgangsstufen 1 und 2

A

der Abend, die Abende
acht
alle, alles
alt, älter
die Ampel
antworten
der Apfel, die Äpfel
der April
arbeiten
der Arm
der Ast, die Äste
die Aufgabe
das Auge
der August
das Auto

B

das Baby
baden
der Ball, die Bälle
die Bank, die Bänke
der Bauch, die Bäuche
bauen
der Baum, die Bäume
das Bein
bewegen, er bewegt
bezahlen
die Biene
das Bild, die Bilder
die Birne
bitten
das Blatt, die Blätter
blau
bleiben, er bleibt
blühen, er blüht
die Blume
der Blüte
der Boden
böse
braun
der Brief
bringen, bringt
das Brot, das Brötchen
der Bruder
das Buch
bunt
der Busch

C

der Cent
der Christbaum
der Computer

D

danken
denken
der Dezember
der Dienstag
der Donnerstag
drei
dunkel

E

das Ei, die Eier
eins
elf
die Eltern
das Ende
eng
die Ente
die Erde
essen, er isst
die Eule
der Euro

F

fahren, sie fährt
fallen, es fällt
die Familie
fangen, er fängt
der Februar
fein
das Feld, die Felder
das Fenster
finden
der Finger
fliegen, sie fliegt
der Flügel
flüssig
fragen, sie fragt
die Frau
der Freitag
fremd, der Fremde
freuen, die Freude
der Freund, die Freundin
frisch
die Frucht
der Frühling
füllen, der Füller
fünf
der Fuß

G

der Garten, die Gärten
geben, er gibt
gehen, sie geht
gelb, gelbe
das Geld, die Gelder
das Gemüse
das Gesicht
gestern
gesund, gesunde
das Gras, die Gräser
groß, größer
grün
gut

H

die Haare
haben, er hat
der Hals, die Hälse
halten, sie hält
die Hand, die Hände
hart, härter
der Hase
das Haus, die Häuser
die Haut, die Häute
die Hecke
heiß
heißen
helfen, er hilft,
die Hilfe
hell

das Hemd, die Hemden
der Herbst
der Herr
heute
die Hexe
der Himmel
hören
die Hose
der Hund, die Hunde
hundert

I

der Igel

J

das Jahr
der Januar
der Juli
der Junge
der Juni

K

der Käfer
der Kalender
kalt, die Kälte
die Katze
kaufen
das Kind, die Kinder
die Klasse
das Kleid, die Kleider
klein
kommen
können, er kann
der Körper
der Kopf
krank
das Kraut, die Kräuter
die Kuh, die Kühe

L

laufen, er läuft
laut
leben, es lebt
legen, er legt
leicht
leise
lernen
lesen, sie liest
die Leute

das Lexikon
das Licht
lieb, lieben
liegen, es liegt

M

machen
das Mädchen
der Mai
malen
der Mann, die Männer
der März
die Maus, die Mäuse
die Minute
der Mittwoch
der Monat
der Montag
morgen
der Mund, die Münder
müssen, er muss
die Mutter

N

die Nacht, die Nächte
der Name
die Nase
der Nebel
nehmen, sie nimmt
neu
neun
der November

O

das Obst
das Ohr
der Oktober
der Onkel
(das) Ostern

P

das Papier
das Pferd, die Pferde
pflanzen
pflegen, er pflegt
die Pizza
der Platz, die Plätze
die Pommes
die Puppe

Qu

das Quadrat
quaken

R

die Raupe
rechnen
reden
der Regen
reich
reisen
der Rock
rollen
rot
der Rücken
rufen

S

der Saft, die Säfte
sagen, sie sagt
das Salz
der Samstag
der Sand, sandig
der Satz, die Sätze
schauen
scheinen
die Schere
schlafen, er schläft
schlagen, sie schlägt
der Schmetterling
der Schnee
schneiden
schnell
schön
schreiben,
sie schreibt
schreien
der Schuh, die Schuhe
die Schule
schwarz
die Schwester
sechs
sehen, er sieht
die Seife
die Sekunde
der September
sieben
singen, sie singt

sitzen, er sitzt
der Sohn
sollen
der Sommer
die Sonne
der Sonntag
die Spagetti
sparen
spielen
der Sport
der Stängel, die Stange
stehen, sie steht
stellen
der Stift
still
die Stirn
der Strauch, die Sträucher
die Stunde
suchen

T

der Tag, die Tage
die Tante
die Tasche
der Teddy
der Tee
das Telefon
die Temperatur
das Thermometer
das Tier
die Tochter
tragen, sie trägt
trinken
turnen

U

üben, er übt
die Uhr

V

der Vater
der Verkehr
versuchen
vier
der Vogel

W

warm, die Wärme
warten
waschen, er wäscht
das Wasser
der Weg, die Wege
(das) Weihnachten
weiß
weit
werden, sie wird
das Wetter
die Wiese
der Wind, die Winde
der Winter
die Woche
wohnen
wollen, sie will
das Wort
wünschen
die Wurzel

Z

die Zahl, zählen
der Zahn, die Zähne
die Zehe
zehn
zeigen, er zeigt
die Zeit
das Zimmer
der Zucker
zwei
die Zwiebel
zwölf

Quellennachweis

Texte:

S. 9: Meiers, Kurt: Alle haben einen Namen. In: Rütimann, Hans Heinrich: Sprachentdecker. Eine Grammatikwerkstatt. Bern (= Zytglogge Verlag). 1993, S. 53; Rechte bei Kurt Meiers

S. 56: Schweiggert, Alfons: Frühling — Sommer — Herbst — Winter. In: Schweiggert, Alfons: Seht, wie die Zeit vergeht! Weinheim/Basel (= Verlag Beltz & Gelberg). 1976, S. 48; Rechte bei Alfons Schweiggert, München

S. 86: Janosch: Schnuddelbuddel baut ein Haus. © Janosch/Little Tiger Verlag, Gifkendorf

S. 101: Ferrari, Renate: Mi ma mei. In: Ferrari, Renate: Wörter haben bunte Flügel. Freiburg i. Breisgau (= Christopherus Verlag). 1998, S. 23

S. 101: Ferrari, Renate: Ix, ax, ux. In: a.a.O., S. 49

S. 101: Janosch: Itzli — pitzli — Rabenfuß. In: Janosch: Rate mal wer suchen muss. München (= Parabel-Verlag) 1978 © Janosch

S. 101: Janosch: Anne, Pfanne, Badewanne. In: Gelberg, Hans-Jürgen (Hrsg.): Die Stadt der Kinder. Recklinghausen (= Georg Bitter Verlag). 1963, S. 21

Musik:

S. 41: Hoffmann, Klaus W. (Text, Melodie): Das Lied von den Gefühlen (Wenn ich glücklich bin). In: Frickenhaus, Wolfgang (Hrsg.): Kunterbunte Kinderlieder. Neue Lieder für Kinder von 3 bis 8 Jahren. München (= Schneider Verlag). 1989, S. 22 © Aktive Musik Verlagsgesellschaft mbH, Dortmund

Illustrationen:

S. 86: Janosch: Das große Schnuddel-Buch. © Janosch/Little Tiger Verlag, Gifkendorf

Gedruckt auf umweltbewusst gefertigtem, chlorfrei gebleichtem
und alterungsbeständigem Papier.

1. Auflage 2008
Nach den seit 2006 amtlich gültigen Regelungen der Rechtschreibung

Umschlaglayout: Image Design, Astrid Sitz
Innenlayout: Andrea Kmiez, Bochum
Umschlagillustration: Martina Gollnick
Satz und Litho: Fotosatz H. Buck, Kumhausen
Druck und Bindung: Himmer AG, Augsburg
ISBN 978-3-403-0**4857**-2

www.auer-verlag.de

Tunwörter 🔴

Tunwörter sagen, was Lebewesen und Dinge tun.

Beweise für Tunwörter:

– Tunwörter antworten auf die Frage: Was tut jemand? → *malen*

– Tunwörter passen hinter *ich* und *wir*: *malen → ich male – wir malen*

Begleiter 🔺

der ein
die eine
das

Namenwörter ▲

Namenwörter sagen, wie Lebewesen und Dinge heißen.

Beweise für Namenwörter:

– *Hase* ist ein Name für …
(ein Tier mit langen Ohren)

– Zu jedem Namenwort passt ein Begleiter: *der* Hase, *ein* Hase

– Namenwörter können in Einzahl und Mehrzahl stehen:
ein Hase, viele Hasen